# SVEGOT

November 2019

*- Perspektiv från det fria Sverige*

Svegot, November 2019

Copyright © SVEGOT-DFS 2019. Alla rättigheter förbehållna. Kopiering eller spridning av hela eller delar av denna publikation är ej tillåten utan skriftligt tillstånd.

Tryckt i Storbritannien.

ISBN 978-91-984411-9-2

www.svegot.se
www.detfriasverige.se

# SVEGOT

## November 2019

### Skribenter:

Jalle Horn
Magnus Söderman
Dan Eriksson
Daniel Frändelöv
Eva-Marie Olsson
Johan Svensson
Kristoffer Hugin

MAGNUS SÖDERMAN

# Inledning

Så har vintern till sist kommit till Älgarås och Svenskarnas hus (där redaktionen för Svegot befinner sig). Kallt är det ute och gnistrande snö på marken. För oss bilister är det en välsignelse. Äntligen ser man något när man ska iväg. Under några månader har det varit mörkt, blött och dystert – inte alls som den där hösten man ser på bildbyråernas erbjudande när man söker något passande. Själv flyttade jag hem från några år i Tyskland (Berlin) i somras. Där är det inte som här och mina minnen av svensk höst och vinter hade bleknat en del. Det gjorde mig glad. Kon saknas inte förrän den rymt och när man är borta från hembygden under några år så blir det glasklart vad hembygden är, när man väl kommer hem igen. Jag blev – om möjligt – mer medveten nationalist efter att ha varit borta ett tag.

**Borta bra men hemma bäst.** Det gäller för alla människor. Det gäller också för de (av oss i alla fall) oinbjudna gäster som kommit till Sverige. En orsak till att det här mångkulturella projektet havererar beror på detta. Det är inte saknaden av fritidsgårdar som gör att man rånar, våldtar och mördar. Däremot kan rotlösheten och saknaden av hemlandet driva somliga till vansinne. Detta erkänns inte av den vänsterliberala världsordningen, men det är icke desto mindre sant. Förvisso skulle jag inte bli kriminella av att inte vara hemma, men jag skulle må dåligt och detta skulle förvärras med åren. Är man då annorlunda från hur vi svenskar är (godmodiga, plikttrogna, saktmodiga och med långt till vrede) så kan det sluta lite hur som helst. Man behöver själv inte vara medveten om orsakerna, men om rötterna kapas och hemlandet saknas så är det ett första steg som kan sluta litet var stans.

Utlänningarna som kommer till Sverige blir rotlösa, det är självklart. Men det gäller också svenskarna. Vi blir det av helt andra skäl dock. Vi blir rotlösa trots att vi står och går på vår egen fosterjord. Häpnadsväckande, eller hur? Trots att vi har Sverige överallt kring oss så saknar många henne inom oss. Moder Svea lever inte inom hennes söner och döttrar. Det är farligt för oss. Inte för att svenskar helt plötsligt blir kaosets apostlar, utan eftersom vår rotlöshet gör oss sårbara inför yttre och inre hot. Vi kan inte identifiera hoten mot oss som folk, om vi inte inser att vi är ett folk. Vi kan inte försvara vårt land, om vi inte vet om att vi har ett. Inte heller känner vi att det är värt att försvara landet. Vi är till och med beredda att ge bort det.

**Sådan är den nuvarande situationen** och den kan bara ändras genom att var och en återfår känslan för folket och nationen. Rötterna, som sågats av, måste växa ihop igen. Detta är både en fysisk som intellektuell process. Föreningen Det fria Sverige försöker uppfylla dessa; dels genom föreningsarbetet men också genom Svegot. Vår roll är att vara Det fria Sveriges röst såväl som de fria svenskarnas röster. Jag tycker att vi gör ett bra jobb. Men jag vet också att vi kan göra det ännu bättre. Detta är min – och hela redaktionens ständiga strävan: att bli bättre, smartare och skarpare. Det är en ständigt pågående process och jag hoppas du kan följa den i vårt arbete. Du är också inblandad i det, eftersom det är du som gör det möjligt för oss. För det har du vårt stora tack!

Till denna utgåva av Svegot har jag också den stora glädjen att kunna hälsa två nya medarbetare välkomna. Johan Svensson som ger oss lite ljusglimtar med sina krönikor, och Kristoffer Hugin som levererar skarpa analyser och sammanfattar avancerade resonemang och gör dem mer tillgängliga för oss. Vi har mycket att se fram emot.

MAGNUS SÖDERMAN
4 november 2019

# Feltänk om väkteri kommer gör samhället mer otryggt

**Trygghet och ordning är något av det viktigaste som människan kräver och behöver. Utan trygghet fungerar det helt enkelt inte. Folk blir övermåttan försiktiga, man går inte ut och begränsas därmed och man ser med misstanke kring sig. Därför lovar politikerna att de ska bringa trygghet och ordning. Men hittills är lösningarna allt annat än lösningar.**

Tag det här med väktare och ordningsvakter. Branschen har fullkomligt exploderat och är det något man ska satsa på är det privata säkerhetsföretag. När staten inte längre kan leverera ordning och reda (trygghet alltså) så kommer andra aktörer att göra det åt dem. Det bästa alternativet, tänker många, är storföretag som tillhandahåller bevakningstjänster. Antagligen är dessa aningen bättre än konkurrenterna som finns: gäng av olika de slag, vilka har våldskapacitet att kunna ta itu med ordningsstörning och banditer som inte är godkända på förhand.

Jag skriver "aningen bättre" eftersom säkerhetsbranschen också kommer (det har redan börjat) dras med stora problem då den bristfälliga rekryteringen och utbildningen (som är en konsekvens av det skriande behovet av personal) blir mindre nogräknad med vilka de tillåter sätta på sig uniformen och sedan hålla ordning i samhället.

**Göteborgs-Posten berättar om en väktare** som greps två gånger under samma dygn i centrala Göteborg. Ena gången var det för drograttfylleri och andra gången för narkotikabrott. Han satt uniformerad i bilen med en påse knark när polisen knackade på. Vi har heller inte glömt incidenten i Rinkeby utanför Stockholm, där en väktare (eller ordningsvakt) sköts i båda benen i en källare. Den totala tystnaden efteråt och att man från företagets sida lade locket på helt och hållet talar tydligt nog om för oss att det finns en och annan hund begraven. Kanske – bara kanske – var offret i historien inblandad i något som slutade på det sätt det gjorde? Eller ska vi tro att alla väktare och ordningsvakter är skötsamma och laglydiga? Vi vet att så inte är fallet.

Som vanligt är det väl bäst med brasklappen. Nej, det gäller inte alla och många – de flesta – som patrullerar våra gator, torg, butiker, köpcentrum etc. är bra och har helt rätt inställning. De bryr sig, de vill hjälpa och de är osjälviska och ärliga. Så, då var det sagt.

Problemet är de övriga och gruppen "övriga" är jag rätt säker kommer att växa i samma takt som branschen gör det. Moderaterna ville anställa 5 000 nya och ge dem fler uppgifter – sådana som polisen idag ska utföra men inte hinner med. Många svarta får får plats bland dessa 5 000. Och dessa 5 000 är ju bara de M vill ha. Som sagt, branschen växer så att det knakar och med facit i hand ser vi ju att det redan finns element som inte hör hemma där.

Toppen på isberget brukar man tala om när något avslöjas och det är lika sant vad gäller väktare och ordningsvakter. För varje avslöjande – varje övergrepp och dom – vet vi att det finns några fler som inte avslöjas. Isberget, som vi vet, är störst under ytan.

**Om man ska lösa otryggheten i Sverige** genom att anställa tusentals nya väktare och ordningsvakter så gör man fel. Dels eftersom samhällsrötan också kommer följa med in, men också eftersom det i slutändan inte går. Du kan inte ha en rekorderlig ordningsvakt på en svensk medborgare. Och antalet nya personer i Sverige ökar ju också stadigt på grund av de öppna gränsernas politik. Det är den politiken som skapar otryggheten, så enkelt är det.

Fler poliser, fler ordningsvakter, nya lagar och mer övervakning är inte någon lösning. Det är ett sätt att försöka hantera och mildra effekterna av den förda politiken. Det är att bekämpa symptomen, att stilla febern. Det går ett tag, men löser man inte orsaken så löses inget.

I fallet med fler ordningsvakter och väktare riskerar vi också att bygga in en helt ny otrygghet i samhället. Kriminella är inte dummare än att de vet att det är en bra idé att ha några av de sina på insidan. Och det kommer vara enklare att få några gubbar in i bevakningsbranschen än till polisen (i alla fall ett tag framöver).

Problemet är att ordningsvakter och väktare får en helt annan legitimitet än en vanlig gängmedlem. Därför är en oärlig eller kriminell sådan långt mycket värre än någon från "orten". Som helt vanlig civilist ligger man än mer pyrt till när gängen uniformerar sig. Som vanligt kommer detta först att drabba de förorter där jordmånen är god, men snart nog också alla andra. Hur klokt är det att anlita väktarbolag X att bevaka villan när de vakande ögonen sitter i huvudet på någon som har ont i sinnet?

Självfallet är lösningen att ge svenskarna bättre möjligheter att sköta sig själva och ta ansvar för sin egen säkerhet. Naturligtvis är en återgång mot det homogena och trygga Sverige det som borde väljas. Medan politikerna låtsas göra något åt problemen får vi helt enkelt – på riktigt – göra allt vi kan för att säkra oss själva, våra familjer och våra fria svenska vänner. Ingen kommer göra det åt oss. Den som inte vill vara med på det tåget tycker jag synd om, men mer än så kan jag inte göra åt saken.

*DANIEL FRÄNDLÖV*
*4 november 2019*

# Hösten är full av njutning

**Den smått hysteriska sommaren har äntligen lämnat oss och lämnat plats för den betydligt lugnare och på många sätt mer njutbara hösten. Den upplevs, som så mycket annat, bäst ute i skogen. I år kommer jag spendera min tid där ute något annorlunda. Jag ska bada i träden, i ljuden och i stillheten.**

Jag gillar sommaren. Jag gillar även våren och vintern. Men bäst är kanske ändå hösten. Jag har lite svårt att bestämma mig för utan att låta som en tröttsam optimist så har jag en tendens att mest uppskatta just den årstid jag befinner mig i.

Så nu när hösten kommer och frosten lägger sig som ett skyddande täcke över skog och mark, samt vindrutor och trappsteg, välkomnar jag den. Hösten med sin ro och sin vila. Naturen lägger sig i träda och förbereder sig för den långa vintervilan efter en slitsam sommar.

**Det är många som inte delar min uppskattning** har jag märkt. Det klagas högljutt över mörkret och över kylan. Över saknaden av sommaren och de ljumna sommarkvällarna i trädgården.

Men vad är det att sakna? Om ett år kommer de tillbaka. Vem vill leva i ett land utan årstider? Ganska många verkar det som när jag tänker efter. Jag kan förvisso förstå önskan att aldrig behöva skrapa bilrutan eller huttrande promenera till bussen i underkylt regn. Att slippa halka runt i gråbrunt slöslask och se hur fingrarnas färg övergår från rött till blått till vitt när man glömt handskarna hemma.

Men som allt annat här i livet blir det vad man gör det till. Hösten i städerna är vidrig. Hösten i skogen är underbar. Allt lugnar ned sig. Det har inte blivit speciellt mycket skog för mig denna sommaren. Det har inte bara med tidsbrist att göra. Skogen på sommaren är något för livlig för min smak. Främst på grund av insekterna, till exempel hästflugan som jag stiftat allt för nära bekantskap med i år. Sedan har vi ju de gamla misstänkta – knott och mygg och fästingar. Alla svåra att försvara sig helt emot, och alla stör de friden.

**Tacka vet jag hösten.** Det är tyst och skönt i skogen. En värdighet präglar skogspromenaden. Elden, som på sommaren mest är en mysfaktor, blir en källa till både värme och ljus. Man uppskattar den mer. Man uppskattar även den varma maten man tillagar. Hösten och vintern ställer lite högre krav på dig som besökare i skogen, något som jag verkligen uppskattar.

Hösten blir som sagt vad man gör den till och med rätt kläder är kylan inget problem. Se till att skaffa dig ett bra underställ, varma skor och bra handskar så vinner du kampen mot kylan. Det gör mig alltid så förvånad när jag ser människor gå runt och huttra, med tanke på hur lätt det är att klä sig rätt. Lätt och skönt! Det är något speciellt med att så att säga besegra kylan. Det känns civiliserat och intelligent. Att gå runt och frysa i onödan är själva motsatsen. Vi nordbor är gjorda för kylan. Vi kan suga styrka ur den. Men fryser du blir det tvärtom.

Tänk er själva! En tidig morgon, det har precis börjat ljusna. I ryggsäcken har du packat dagens middag. Lite kött, kanske ärtsoppa. Lite ostar och korvar. Du har med dig tändstålet och lite björknäver. Det kalla klara luften gör att ljud färdas långt och förutom det krispiga ljudet från dina kängor hör du en fågel långt borta. Du stannar till och bara... Är. Bara är i skogen, ditt rätta element. Så som så många generationer innan dig känner du att din tankeverksamhet gått ner till nästan noll. Skogen fyller varje sinne. Du blir nästan ett med den.

Detta att bara "vara" i skogen kallas visst "skogsbad". Jag blev relativt nyligen uppmärksammad på detta sätt att njuta av skogen och det fick mig att tänka efter. Jag ska, i år, försöka göra mindre när jag är på tur. Vanligtvis är man väldigt aktiv. När man inte går letar man bränsle. När man inte letar bränsle bygger man läger. När man inte bygger läger förbättrar man läger eller hugger ved eller förbereder maten. När man inte förbereder maten äter man, sedan på med packningen och iväg igen.

**Mycket lite tid spenderas till att bara vara,** trots att det faktiskt är den betydligt trevligaste sysselsättningen. När mörkret lagt sig och man trött, mätt och nöjd stirrar in i brasan är det som bäst. Det är det jag ska göra mer. Stirra. Inte nödvändigtvis in i en eld. Bara sitta på en stubbe nånstans mitt ute i skogen och stirra och höra och lukta. Det behöver jag efter denna sommaren. Det behöver du med. Vi alla som har ens minsta lilla aning om vad som pågår i Sverige och Europa behöver ta en timeout från tråkigheterna då och då. Så ofta som möjligt faktiskt.

Det är svårt att göra hemma, eller ens inomhus. Vi går väl alla med allt för högt blodtryck, kan jag tänka mig. Men skogsbadande har visat sig sänka blodtrycket betydligt. Det höjer även koncentrationen och det allmänna välmåendet.

På tal om att skogsbada så har jag motsträvigt insett att det är dags att faktiskt börja bada med. I skogen. Alltså i en sjö. I vatten.

Det ser jag inte fram emot i nuläget. Sommaren har gjort mig vek och tunnhyad. Igår tvättade jag händerna i nollgradigt vatten och det var inte direkt behagligt. Det gjorde faktiskt riktigt ont.

Där och då var det svårt att föreställa sig att jag inom kort kommer doppa hela min kropp i så kallt vatten, och endast ha en brasa att värma mig vid. Men det är nyttigt att bli påmind om hur vek och känslig man blir om man inte utsätter sig för obehagliga saker.

Första doppet är alltid värst. Andra något bättre. Men snart längtar man faktiskt ned i vattnet. Och hälsoeffekterna av kallt vatten är många, som ni givetvis vet eftersom ni läst min tidigare artikel i ämnet.

Jag ser fram emot att bli hårdhudad igen. Tålig. En man av naturen. Det hoppas jag även du gör. Särskilt i dessa tider av allmän håglöshet är det viktigare än någonsin att fånga det dagsljus som finns.

Och skjut inte upp det. Gå ut redan till helgen om du har möjlighet. Gå ut i skogen. Gå långsamt. Se dig omkring, lyssna på alla skogens ljud. Gå tills du blivit riktig hungrig, tänd en eld och laga mat och känn att den smakar bättre än någonsin förr.

Och skänk mig då en tanke. Chansen att jag gör precis samma sak är nämligen hög.

*JOHAN SVENSSON*
*4 november 2019*

# Höstfunderingar från öarna

**I en ångande bastu funderar Johan och hans vän "S" på tillståndet i Sverige. Till det behövs det en hel del öl, visar det sig**

Det är höst ute på öarna. Färgglada löv yr i vinden och luften är så där krispig och kall som man vill att den ska vara. Vattnet är kallt och det krävs en bastu för att man ska kunna bada. Jag och S sitter inne i värmen och tittar ut över det blåsiga havet.

**EU går med på att skjuta upp Brexit ytterligare en gång.** Kommer det någonsin att bli av? EU känns mer och mer som den där riktigt obehagliga flickvännen som bara inte kan gå vidare utan klänger sig kvar vid alla minnen som finns och vägrar acceptera att det är slut.

"Jag minns Farlig förbindelse", säger S med en rysning i den varma bastun. "EU är på väg att bli en riktig otäck kaninkokerska". "Jovisst", svarar jag, "men är verkligen kanin den bästa liknelsen? Är inte groda en bättre? EU kokar grodan så långsamt att britterna till sist kommer att glömma av Brexit och vänja sig vid att det inte går att lämna EU:s kastrull".

S håller inte med utan argumenterar benhårt på sin liknelse från 1987 års psykologiska thriller och jämför den med britternas dito 2019. Är inte Jean-Claude Juncker lite lik Glenn Close förresten?

Vi tar en öl och funderar på saken.

**Ingves och hans vänner på Riksbanken meddelar** att de kommer att höja räntan i december. Men redan nu har de beslutat om att sedan inte höja räntan förrän om tre år igen. Det ska bli spännande att se hur de kommer att agera nu när konjunkturen mattas av. Vilka verktyg kommer de då att ha i lådan?

"Det är då själve farao att man band lånen", säger S. "Det är ju nu man skulle ha legat rörligt. Om räntan höjs med ett litet steg i december och sedan inte alls på tre år så kommer vi ju ligga och betala för en låg nivå som vi ändå skulle ha fått", stönar han bittert. "Kanske det", säger jag. "Men varken du, jag eller Ingves vet hur pass allvarlig lågkonjunkturen kommer att bli. Han kan säga vad han vill nu, men om skiten verkligen träffar fläkten kommer han inte att ha något annat val än att höja räntan".

"Snack", svarar S. "Om de hade velat höja så skulle de redan ha gjort det. Nu har högkonjunkturen passerat utan någon höjning så nu är det för sent". Han suckar. "Jag visste att jag inte skulle ha bundit".

"Det kan fortfarande komma tider som kommer att göra dig glad över ditt val", svarar jag. "80-talets högkonjunktur skulle vara för evigt men sedan kom 90-talskraschen och räntorna chockhöjdes. Vi har ingen aning om vad som väntar runt hörnet. Upp med hakan, det kan fortfarande gå åt helsike".

Vad kommer att hända med alla överbelånade medelsvenssons som lever och bor på artificiellt låga räntor den dagen krisen väl kommer? Vet Ingves? Vet någon? Är inte Ingves lite lik en Bond-skurk förresten?

Vi tar en öl och funderar på saken. Ute i snålblåsten ångar det om våra kroppar.

**"Fuck you Greta", säger S sammanbitet**. "Det är liksom svårt att tro på någon global uppvärmning i den här kylan". "Det är svårare att tro att folk över huvud taget tar henne på allvar", mumlar jag och tar ett språng ut i vattnet. "Visste du att autister har svårt att klä sig rätt efter väderleken", säger jag mellan hackande tänder på väg in i bastun igen? "De känner inte värme och kyla som vi andra". "Du får dem att låta omänskliga", svarar S. "I Gretas fall vete farao om det inte ligger något i det", säger jag.

Väl inne i värmen igen slås vi än en gång av den fulla absurditeten i situationen. En sextonårig autist som cyniskt utnyttjas av sina sjuka föräldrar har blivit den moderna erans Messias.

"Det är bara en tidsfråga innan hon kanoniseras, märk mina ord", säger jag. "Franciskus är en riktigt obehaglig vänsterextremist och hon passar så väl in i hans världsbild att man nästan kan tro att han skapat henne själv i något gudsförgätet laboratorium i Vatikanen". "Du menar att hon är en katolsk golem", flinar S nöjt med havsvattnet droppande från håret. "Tja, det är något kusligt med de där ögonen och de där blanka runda anletsdragen gör ju att hon ser lite leraktig ut".

Det krävs en rubbad clownvärld för att någon som Greta Thunberg ska kunna resa jorden runt, skrika på vuxna och tas på allvar. Hur är det ens möjligt att hon inte får fler kritiska frågor av media? Varför får hon inte mothugg av seriösa miljökämpar som bara säger åt henne att hålla klaffen? Är inte Greta lite lik Den Onda Dockan förresten?

Vi tar en öl och funderar på saken.

**Sverigedemokraterna ser ut att gå om** Socialdemokraterna i opinionen. Åkesson kan bara luta sig tillbaka medan Löfven och resten av dårarna som nu styr anstalten Sverige gräver sina egna gravar med de största spadar de kan hitta. Seriösa (nåja) socialdemokratiska debattörer menar nu att S på allvar går mot en framtid under 20 %-strecket. Något som hade varit fullkomligt otänkbart för bara några år sedan. Vad som är orsakerna fortsätter att debatteras. S skadas av samarbetet med Miljöpartiet menar någon. Nähä, det är samarbetet med Liberalerna och Centern som sänker partiet säger någon annan. Ni har alla fel säger en tredje, ty det är samarbetet med Vänsterpartiet som skadar S.

Alla har rätt och alla har fel.

Att S störtar som ett JAS-plan i opinionen beror givetvis på att man har försökt sig på en gymnastikövning med ena benet till vänster och det andra benet åt höger och att båda sidor drar åt var sitt håll. Inte ens överlevare som Löfven kan lyckas med något sådant.

Han må vara mycket men han är ingen ballerina. "Men allt detta spelar ingen roll", säger jag. "Till syvende och sist är det valdagen som räknas och dit är det långt kvar. Löfven har slagit alla odds tidigare. Senaste riksdagsvalet var han ju helt uträknad och vissa spådde ju S till under 20 % redan då".

Vi vet alla hur det gick. Med landet i brand, en havererad offentlig sektor, skyhögt skattetryck och en framtid lika munter som en Kafka-novell gick svenskarna lik förbaskat man ur huse och röstade på sossarna.

Inte ens en flod av öl räcker till för att fundera på den saken.

*JALLE HORN*
*4 november 2019*

# En finländsk ärkepatriot

**Zacharias Topelius, som för övrigt fyllde 200 förra året, är en av den svenska nationalismens största diktarnamn. Konstigt nog var han finländare och skrev nästan uteslutande sin fosterländska diktning i det finska folkets namn. Han skrev – jämte mycket annat, han var en litterär mångsysslare – många dikter och berättelser som hyllar den finska fosterjorden och det finska folket samt uppammar patriotisk glöd hos finnarna.**

Mest känd i Sverige nuförtiden är han nog som poeten bakom barnsången "Sov du lilla videung", mästerligt tonsatt av Alice Tegnér. Utöver några andra dikter och psalmer är det därefter kanske berättelsesamlingen Fältskärns berättelser, som handlar om familjen Bertelskölds öden men egentligen i spännande form skildrar Sverige på 1600- och 1700-talet. Den publicerades ursprungligen som följetong i dagstidningen Helsingfors Tidningar men har tryckts som bokserie i otaliga upplagor, gjorts om till serietidningar, dramatiserats som film m.m.

Verket har långsamt blivit lite bortglömt i Sverige, men när det begav sig nådde det ut till hundratusentals finnar och svenskar. Redan den första illustrerade utgåvan 1883-84 tryckes i hela 30000 exemplar. Illustrationerna var gjorda av ingen mindre än Carl Larsson. Samma stora spridning har hans dikter fått, både i Finland och Sverige. Fram till 1950-talet var han den troligen mest upplästa poeten i Sveriges Radios program Dagens dikt.

Topelius skrev på svenska, hans modersmål. Men trots nationalromantiska berättelser som Fältskärns berättelser riktade sig hans fosterländska dikter i första hand till det finska folket.

Det betyder inte att han var någon upprorsman gentemot den ryska övermakten (Finland blev ju ryskt 1809). Tvärtom hade han fullt överseende med ryssen, trots att hans penna kontrollerades noga av ryska censurtjänstemän. Och ryssarna hade tydligen överseende med att Topelius publicerade allsköns patriotisk dikt.

Topelius skrev mycket som direkt riktade sig till barn. Mest känd är skolboken Boken om vårt land, med fosterländska berättelser, dikter m.m. för finska skolbarn. Men mycket av det Topelius skrev där – och annorstädes – hamnade även i svenska skolböcker. Han ansågs i hela Norden som den bästa författare att skapa fosterländsk känsla och god gudsfruktan hos barn och ungdomar.

Svenska pedagoger lusläste Topelius i jakt på föredömliga alster för svenska skolbarn att läsa. Han var en av de främsta bidragsgivarna i Läsebok för folkskolan, huvudboken för folkskolebarn fr.o.m. 1868 och en bra bit in på 1900-talet. Således blev en äkta finsk patriot den främste förmedlaren av fosterlandskänsla för svenska barn och ungdomar.

Dagens dikt skrevs ursprungligen 1864 för Vasa övningsskola med titeln Wasa Gymnasisters Sång. Sedermera blev den landskapssång för Södra Österbotten och med tiden sjungen av allehanda finnar och nordbor. Nuförtiden är Vasa marsch förresten ett känt vandringsevenemang, som tar plats runt staden Vasa.

Diverse diktsamlingar, barnböcker och inte minst Fältskärns berättelser torde kunna hittas för en mindre penning på antikvariat. Men för gnidna smålänningar och teknikfriks finns mycket av Topelius verk fritt tillgängligt på http://topelius.fi/ där hans samlade skrifter ges ut fram till 2022 då projektet hoppas vara färdigt.

**Vasa marsch**
*För Vasa gymnasister*

I högan nord vår vagga stod
vid stormigt hav och skummig flod.
Vi växte upp ur frostig bädd,
som vintergran, i drivor klädd.
Han står så grön
i vita snön,
han reser stark
sin kronas park
ur armod och ur ödemark.

När våren kom med fågelsång,
när solen glömt sin nedergång,
när blomsterkrönt stod polens rand
och fritt var hav och grönt var land;
då blev vår håg
som strand och våg,

då vart oss sagt
att stå på vakt
för livets och för ljusets makt.

Här är vart fält av strider rött,
här, här har Finlands lejon blött,
här stod det stolt, med pannan höjd,
i blodig sorg och segerfröjd.
Här sjöng engång
dess bard sin sång
och, väckt av den,
skall här det än
ur gravarna stå upp igen.

Och hädan drog i fredens dar
en stark falang med panna klar
till mänsklighetens stora strid
mot mörker, synd och död all tid.
En lyra blev
vårt adelsbrev,
en vase huld
av ax i guld
har gäldat ljusets makt vår skuld.

Och Wasa gossar äro vi;
vårt namn skall ej förgätet bli.
Vårt namn är stort och ärorikt;
till ädel bragd har det oss vigt.
Det vigt vårt bröst
åt ärans röst,
det har oss dömt,
om vi det glömt;
det har mätt högt det mål vi drömt.

Som tusen vågor sammangå
kring Finlands bygd i gördel blå,
så mötas hjärtan, mötas namn,
o fosterland, uti din famn.
Att bära glatt
din fanas skatt,
att kämpa med
ditt främsta led,
var fäders bragd och Wasa sed.

Vårt land! Vårt finska fosterland!
Din fasta botten är vår strand.
Så låt oss bli din starka vall,
som havets våg ej bryta skall.
Slå högt, vår barm!
Väx stark, vår arm!
Väx stor i skygd
av söners dygd,
vår höga nord, vår finska bygd!

*DANIEL FRÄNDELÖV*
*4 november 2019*

# Lågkonjunkturen kommer kräva offer – och det är bra

**Den lågkonjunktur som det så länge varnats för kommer allt närmare och mycket tyder på att den kommer slå ned på oss inom bara några år. Blir det den beska medicin som till slut får det svenska folket att tillfriskna från sin sinnessjukdom? Jag tror och hoppas det.**

Jag är ingen ekonom. Långt ifrån. Faktum är att jag, tyvärr, finner BNP, reporäntor och låneindex ointressant. Jag säger tyvärr eftersom jag vet hur viktigt det är. Jag vet mycket väl att de är styrräntan som i långa loppet avgör priser på boenden, inflation och om företag väljer att anställa eller sparka.

Money rules the world. Såklart. Det är väl egentligen det enda sättet jag kan se att det skulle fungera, Visst vore det vackert med en värld byggd på kärlek och empati men det är lika orealistiskt som det är flummigt.

Vi sitter alltså fast i detta röriga och för många (inklusive mig) oöverskådliga spindelnät av banker, centralbanker, inflation och valutor. Vi sitter bokstavligen fast i det. Det går ju att göra sig något friare genom att äga sitt boende och vara så självförsörjande som möjligt men även då påverkas man av låg- och högkonjunkturer.

**Det har länge varnats för den kommande lågkonjunkturen**. Det kanske förvånar en och annan att vi faktiskt just nu befinner oss i en högkonjunktur med tanke på alla larmrapporter som pengahål i främst offentlig verksamhet, men faktum är att vi fortfarande har det relativt bra. Arbetslösheten är ganska låg och de flesta i medelklassen har det faktiskt fortfarande riktigt bra. Bilen är fin, utlandsresorna sker varje år och man har råd att äta vad man vill. Huset man bor i är förvisso troligen högt belånat men vad gör väl de med så låga räntor?

Vi har det bra. Vi har det kanske för bra.

Inget bra varar för evigt. Särskilt inte i Sveriges utsatta situation där mycket av vårt välstånd är en schimär.

Det är inte Peter som ropar om vargen när var vanas för sämre tider. De kommer, även om vi omöjligt kan veta precis när. Men sakta kryper den på oss, lågkonjunkturen. Sprider sig som cancer genom samhällskroppen.

Även en person med min något begränsande förståelse för ekonomiska frågor förstår att det blir... Dåligt. Senaste krisen Sverige hade var på 90-talet och även om mycket idag är likt då, har mycket förändrats.

Givetvis tänker jag på de hundratusentals bidragsberoende utlänningarna som suger resurser ur oss utan att ge något tillbaka. De kräver sina bidrag och om de inte får det så kommer det inte likt svensken knyta näven i fickan. Det kommer kräva vad de har blivit lovade, och om inte staten betalar så kommer de ställa till med ett mindre helvete.

Jag skulle tro att staten vet just detta, och därför kommer bidragspengarna vara bland det sista man drar ned på. Bättre att ge sig på de som inte klagar lika högljutt – pensionärerna och de sjuka. Bättre att ta från nästan vem som helst ärligt talat. På ett sätt är det en korrekt strategi, men bara om man tänker kortsiktigt. Tyvärr är "kortsiktighet" något av en nationalsport för våra politiker.

Det börjar kanske med räntan på lån. Den börjar stiga. Många unga som sitter med allt för höga lån på sina hus får det allt svårare att gå ihop. Till slut inser de att det är bäst att sälja. Tyvärr är de inte ensamma i sin situation och bostadsmarknaden är mättad. Det finns allt för få köpare och alldeles för många som vill sälja. Priserna rasar och de tvingas sälja till ett betydligt lägre pris än de köpt för. Kanske täcker inte ens priset lånen de har. De får lämna hus och de har plötsligt flera hundra tusen i skuld. Någon löneförhöjning är det knappast tal om heller, istället får man vara glad om man får behålla jobbet. För många företag kommer läggas ned, särskilt i konjunkturkänsliga branscher.

**När jag ser "lågkonjunktur" framför mig är det** ett samhälle i fritt fall där svenskar tvingas ut på gatan för att tigga ihop mat till sina svältande barn. Så illa blir det givetvis inte. Sverige har trots allt en relativt stabil grund att stå på fortfarande. Men att det blir tuffa tider står helt klart. Hur tuffa, och hur länge de kommer vara tufft vet jag inte. Det vet ingen. Ekonomi är ett monster som lever sitt eget liv och trots all forskning som skett på området kan man bara göra kvalificerade gissningar. De slår ofta helt fel.

Hur kan man då förbereda sig? Jag har inte mer än amatörmässiga gissningar att erbjuda men de är egentligen inte mer än sunt förnuft och bör gälla både i hög- och lågkonjunktur. Bo inte dyrare än du har råd med, även om kassan sinar. Äg helst ditt boende om det är möjligt. Lägg undan så mycket pengar som möjligt. Kanske stryka den där härliga solsemestern i vintern och istället lägga undan pengarna?

Det är inte heller oviktigt att förbereda sig mentalt och prata med sina nära och kära om att sötebrödsdagarna börjar närma sig sitt slut.

Det finns som alltid en annan sida av detta mörka mynt. Vänder vi på det så ser vi något glimrande och hoppfullt. Ett uppvaknande. En klarsynthet. En befolkning som trots allt har det bra kommer inte vara beredd att göra speciellt mycket för att kräva förändringar i politiken. Det ser vi allt för väl. Hade så varit fallet hade vi inte suttit i denna mycket dåliga sits.

Vi alla behöver en smäll på fingrarna. En bakläcka. En besk medicin och en käftsmäll.

När det verkligen börjar svida i plånboken, verkligen börjar svida, kanske den stora köttmassan äntligen surt börjar morra och kräva faktiskt förändring. Då börjar man se att alla de pengar som invandringen kostar faktiskt behövs till svenskarna själva. Då kanske klyschor om allas lika värde börjar höras allt mer sällan.

Kanske vaknar faktiskt den mytomspunna vikingen äntligen då? Slår sig ur den välfärdsförgiftade svensken, och sticker ut sitt skäggiga ansikte ur deras bröstkorg?

Ur låg konjunktur smids det svenska stålet hårdare än någonsin. En människa utvecklas bara vid motstånd, kriser och utmaningar.

Detsamma gäller ett helt folk. Vi har haft det för bra. Vi har det fortfarande för bra. Ge oss medicinen så vi äntligen kan bli friska igen.

*MAGNUS SÖDERMAN*
*4 november 2019*

# Ett "konservativt" block kommer inte räcka långt

**När KD-ledaren Ebba Busch Thor till Aftonbladet säger att det – i princip – finns ett konservativt block (kryddat med några brasklappar) så är det inte läge att hurra. I alla fall inte om du har Sverige och svenskarnas bästa för ögonen.**

SD har snart avvikit tillräckligt mycket från sin nationalistiska grund för att KD och M ska kunna stå ut med dem. Samtidigt har M och KD känt vartåt vinden vänt och bedömt att enda vägen för dem att vara relevanta framöver är att plocka upp och använda det missnöje som svenskar i gemen känner.

**Visst är det häpnadsväckande att Moderaterna** (som satte sig ner med MP och krattade manegen för kaoset idag) fortfarande lockar väljare – utanför de egna leden bestående av närmast sörjande som alltid röstar M. Och likadant gällande KD, som såg till så att "anhöriga" till "ensamkommande" etc., fick carte blanche att fortsätta komma till Sverige. Ibland verkar det som att det inte spelar någon som helst roll vad politikerna ställer till med, fler chanser får de i alla fall. Stryktålig är svensken kan vi konstatera.

Och så var det SD då, som anpassat sig så mycket de bara kunnat och övergivit alla principfrågor de haft; adoptioner, homoäktenskap, homoadoptioner, repatriering, svenskheten som icke förhandlingsbar, stängda gränser och repatriering (återvandring). Allt har man dagtingat med varför Åkessons rop efter ett konservativt block får alla med huvudet på skaft att titta sig runt och leta efter de konservativa som ska utgöra detta block.

För inte är det Moderaterna, heller inte Kristdemokraterna eller SD. Ingen av dem är konservativa. Förvisso framstår de som mer balanserade och nyktra än tokarna i Jöken, men det är inte ett mått som imponerar. Vi vet att det varje gång har varit borgerligheten som öppnat gränserna till Sverige. Det betyder inte att det måste bli samma sak nästa gång, om M och KD lägger sig till sängs med SD. Kanske får vi lite andrum – en viss respit – men någon lösning har de inte.

**Utan att resonera kring staten och dess roll** eller principiella frihetsfrågor som hemskolning och vapenägande utan med fokus bara på massinvandringen så kan vi inte sätta något reellt hopp till ett "konservativt block". Tittar vi på vad de vill så är honnörsordet integration. Svensken ska fortsätta pumpa in skattepengar i det svarta hålet som under årtionden slukat resurser som skulle behövts inom vård, skola, omsorg, polis, försvar och så vidare.

Man fortsätter att jamsa om inkludering, solidaritet och annat nonsens så räkna med att när vi svenskar återigen ställs mot människomassorna som kommit hit så kommer vi hamna längst bak i kön. Herregud, SD-politiker har rest frågan om tvångsintegration.

Förutom att svenskar i gemen inte kommer gynnas nämnvärd så är det muslimerna som drar nitlotten om SD får inflytande. Inte utlänningar överlag, inte flyktingar eller invandrare – muslimer är det stora problemet för SD; muslimer och traditionella konservativa värderingar så klart. Det är tydligt att SDs vision är ett Sossesverige av äldre modell (blandad med lite laissez faire-kapitalism) uppburet av den liberala demokratins liberala värderingar. Utlänningar är inget problem, så länge de inte är muslimer. Är de homosexuella liberaler som applåderar abort och organisationsförbud mot nazister så är de svenskar, även om de kom från Afrika igår. Som alla vet så är svenskhet vidöppet för SD.

**Med allt ovan konstaterat finns det dock** ett halvfullt glas mitt upp i allt. Detta positiva är herr och fru Svensson som lever i vårt avlånga land och som är alltmer less på vad de ser omkring sig. För dem är SD den första stationen att gå av vid. Där kommer de bli kvar, i alla fall majoriteten. Men medan de står där vid stationen kommer de också se sig omkring. Att de kommit så långt är riktigt bra, men det ställer krav på oss.

SD får inte, under några som helst omständigheter, leda kulturkampen eller den metapolitiska striden. Det har de inte kompetens, bildning eller djup för att klara av. På sikt kan vi hoppas att något annat – ett sant nationalistiskt alternativ – tar deras plats i politiken också, men det ligger långt in i framtiden. Kanske kan vi hoppas på ett skifte inom partiet framöver, där liberalerna petas. Titta på Centerpartiets förvandling från det folkliga Bondeförbundet till vad vi ser idag. Kanske hittar SD tillbaka till rötterna vad det lider.

Men det är mycket "om" och många "men" som ska uppfyllas. Det viktiga är att vi ser vad som är på gång. SD, KD och M kommer bli verklighet på ett eller annat sätt. Det är det mest troliga och rimliga. Det är inte hugget i sten, men bra nära som det ser ut nu. Den svenskvänliga idén kommer att bli mer och mer attraktiv och polariseringen kommer att fördjupas. När deras "konservativa block" blir verklighet får vi inte – ingen av oss – tro att vi är i hamn och slappna av. Tvärtom!

Fan kommer fortfarande sitta i båten, och det är upp till oss att ro honom i hamn. Vi ger inte upp förrän Sverige är svenskt, det måste vara vår unisona tanke och vilja.

*JALLE HORN*
*5 november 2019*

# Att vara eller icke vara PK

**Har Svenska Dagbladet gått och blivit icke-PK? De har ju Ivar Arpi och försöker ändå problematisera invandringsfrågan med små artiga ord. Nu har en annan SvD-skribent skrivit en politisk kommentar om motstånd mot korrupta, odugliga demokratiska politiker. Frågan är om hon försöker vara icke-PK?**

I en artikel i Svenska Dagbladet får journalisten Jenny Nordberg nästan till det. Lägger man till det som saknas blir det verkligen hett stoff. Vore man inte säker på hur djupt upp PK-kvasten sitter kunde man nästan tro att hon blinkar med ena ögat genom texten. Nordberg kommenterar de demonstrationer och upplopp som gjort livet surt för regimer i länder som Chile, Irak och Libanon. Gemensamt för flera av dem är att de till viss del är valdemokratier till skillnad från diktaturer. Upploppen har därför kunnat leda till avgångar istället för enbart hårdhänt militärt ingripande eller inbördeskrig.

Snarare än frihet, mänskliga rättigheter o.d. (typiskt för diktaturer) menar Nordberg att protesterna har rört sådant som bristande förmåga från statens sida att sköta samhället eller erbjuda drägliga förhållanden. I Libanon har det gällt bl.a. skogsbränder som staten inte har klarat av att åtgärda. I Irak råder fattigdom trots ofantliga oljetillgångar. I Chile har det bl.a. handlat om biljettpriserna på kommunala färdmedel.

I Chile fick en relativt simpel reform – höjd tunnelbaneavgift – följden att tusentals människor gick ut i protester mot den nya regeringen. Och man frågade sig enligt Nordberg: "Vad får vi egentligen tillbaka av dem som valts till att styra landet; varför är skolor, pensioner och löner så urusla?"

**Det är i det läget man börjar undra om Nordberg** faktiskt vill lossa sin tungas band. För det här känner vi ju igen… Sverige är en parlamentarisk demokrati men med många skavanker (om än ej av Iraks kaliber). Sverige är långt ifrån en meritokrati som är idealet för parlamentarisk demokrati, d.v.s. att den som är dugligast blir vald till en post, liksom den som sitter på tjänstemannapost kan leva upp till uppdraget och tar ansvar för sina handlingar där. I Sverige väljs och tillsätts poster mer genom partilojalitet, politrukkarriär, politiskt spel, vänskapsband m.m. Och tjänstemannaansvaret togs bort för flera decennier sedan. Sverige är på många sätt ett korrupt land, hur mycket demokrati man än kallar sig.

Vi har haft problem med skogsbränder nyligen, där staten i mångt och mycket stod handfallen. Hemvärnet, polska brandmän, italienska plan m.m. fick rycka in när politiker och myndigheter stod utan resurser och handlingskraft. Liknande sätt att agera har vi sett vid tidigare katastrofsituationer, som Estonia och Thailandtsunamin.

Sverige har stora möjligheter när det gäller naturresurser, kapital, infrastruktur, bra arbetskraft m.m., men p.g.a. en galen (med korrupta förtecken) politik är valuta, ekonomi, välfärd och infrastrukturen för en god ekonomi på fallrepet.

Här höjer politikerna bensinskatten (trots löften om motsatsen) varmed demonstrationer tagit fart, inte helt olik situationen i Chile – med undantaget att chilenarna har blivit riktigt förbannade varmed regeringen tvingades tillkalla militär.

Men vi känner klart igen frågan som Nordberg låter chilenarna (och andra länders missnöjda medborgare) ställa: vad får vi för pengarna, vad får vi för all skatt vi betalar, varför är välfärdstjänsterna så usla (skola, sjukvård etc)?

**Frågan blev berömd med Leif Östling**, som nu är på tapeten igen efter att ha visat upprepat missnöje hos swebb-tv, varmed han håller på att få äta upp sin hatt hos etablissemanget. "Vad får jag för pengarna?" Vanliga frågor hos vanliga medborgare är också: "När ska massinvandringen upphöra? När ska gängkriminaliteten åtgärdas?" o.s.v. I ett annat swebb-tv-program, bara ett par dagar senare, diskuterar Wilgert och Bern om just invandringen, kriminaliteten och andra samhällsproblem, och de är övertygade (liksom vi andra) om att politikerna från V, MP, S, C och L absolut inte kommer att göra något åt problemen – i demokratins namn eftersom de behöver invandringen och bidragsberoende för att få röster och för att de menar att de krafter som vill åtgärda kriminalitet, bidragsfusk och massinvandring är rasistisk-nazistiska.

De här slutsatserna känns det som om Jenny Nordberg borde komma fram till i sin artikel. De känns helt naturliga efter alla exempel hon tagit upp. Istället landar hon i att europeiska regeringar bör observera tendenserna eftersom populismen breder ut sig (givetvis menar hon konservativa, nationalistiska partier) och att sådan populism riskerar hamna där på gatorna i upplopp och hårda demonstrationer. Gick hon således till slut tillbaka i PK-värmen?

Men kanske visar hon ändå med glimten i ögat vad européer med nationalistiska åsikter måste tänka på och göra. Hon hänvisar till en studie om aktivism och framgångar i demonstrationer mot korrupt och orättfärdig politik. Slutsatsen är att aktivisterna måste fortsätta med sina krav trots motgångar och anarkotyranni (hon använder förstås inte det ordet). Då kommer de korrupta politikerna till slut att falla.

Frågan är om hon kanske riktar tre enkla ord till oss nationalister: Ge aldrig upp!

*EVA-MARIE OLSSON*
*5 november 2019*

# Väluppfostrad in i absurdum – eller svar på tal?

**Vi har som kultur att vara trevliga, trevliga mot de vi känner och även trevliga mot de vi inte känner. De vi ännu inte känner kan vara presumtiva vänner och med ett gott uppförande kan okända inom sin tid bli goda vänner. Men, det finns en gräns för allt (utom då för landet Sverige).**

Där satt vi, hon och jag i fikarummet på en arbetsplats för ett antal år sedan. Vi åt vår medhavda mat, jag mina smörgåsar och hon åt sin sallad. Vi åt och tuggade på, halvtimmen var snart slut och det var då hon såg vad jag tittade på i tidningen jag hade på bordet. "Åt sådana bilder skrattar vi tillsammans åt" sa hon.

Bilderna som fanns på tidningssidan var bröllopsfoton, foton på helt vanliga svenska unga kärlekspar som gift sig. Det som kvinnan mittemot skrattade åt var par som hade med sig barn på foton, sina egna barn. I min svenskhet och som kvinna född på sena 50-tal såg jag inget konstigt i bilderna, att skaffa barn som ogift är ingen skam, det har varit skambelagt men tack och lov var det länge sedan.

Av hennes reaktion reste jag för en stund tillbaka i tiden, till hennes tid, som inte var min eller mina fränders tid. Jag sa och kontrade med att det jag och mina landsmän tycker är konstigt det är när din faster skickar hit män till din arbetsplats och som du träffar i fikarummet för att ni inte får vara ensamma, för mig är det konstigt med släkting som förmedlar män som presumtiva äkta män till dig. Ja ni har förmodligen listat ut att kvinnan vid lunchbordet var muslimska, med sin ideologiska (religiösa) uniform på sig.

Som synes förstod vi inte varandra, och kommer aldrig att göra det. De anser oss som konstiga och omoraliska då många av oss när vi blir kära flyttar ihop och skaffar barn utan att vara gifta, medan hennes folk har en högt stående muhammedansk moral.

**Nu ska vi svenskar inte förledas att tro på** att det råder någon sorts högre moral från personer komna ifrån länder där fredagen är dagen för bön och underkastelse. Från säkra källor är jag informerad om att analsex i dessa kretsar anses som helt i sin ordning att utföra som ogifta, när framförallt mannens lust pockar på. På något konstigt skruvat tänk är det analsex som flickan/kvinnan utsätts för av "hänsyn" till henne då hon då fortfarande anses som "orörd" och "ren" till den man hon ska gifta sig med, oftast en kusin som väljs åt henne av släkten. Enligt ögonvittne är det inte ovanligt att unga muslimska par ertappas inne i Malmös kyrkor då de är hett intima med varandra. När man tror man hört mycket får man höra om detta, önskar man sluppit. Men så är det.

När jag nu ändå är på spåret underbältet-berättelser kan jag fortsätta med gynekologisk undersökning och cellprovtagning av livmoderhalstappen på vårdinrättning i Malmö. Som kvinna och mor finns det upplysningsvis inga som helst områden på kroppen som inte blivit blottade, och undersökta. Hur som, där i väntrummet den där morgonen för några år sedan satt redan en person, det var en kvinna i min ålder och vi började att prata lite med varandra, så där lite svenskt försiktigt och artigt. Jag minns det som om det vore igår.

För en stund var det endast vi två, men så öppnades dörren och in klev det två personer till. Dessa båda gick tätt inpå varandra och var klädda i muslimska kläder. Han med stort grått skägg, grova fotsida tygskynken och en mycket bister vred min, mannens fru ... eller dotter, svårt att veta, hon var svartklädd från topp till tå, svarta handskar på händerna och i tyget hon hade om huvudet var där en smal glipa för att kunna se ut.

Dessa två skred in med högburna huvuden, de hade intagit mitt land som synes den naturligaste sak i världen och nu slog de sig ner i tvåmannasoffan bredvid den fåtölj jag satt i. "Hej", sa hon, främlingen. Så vad säger man, spelar med i ont spel? Innan jag berättar vad jag gjorde måste jag få säga att det inte känns bra eller tillfredsställande att behöva möta sådant man varken blivit tillfrågad om eller bett om att träffa på. Men nu är det som det är och jag är av den åsikten att vi måste visa att vi inte är tillfreds, vi kan inte i evinnerlighet ha "pokerface" och svälja det som etablissemanget kör ner i halsen på oss. Vi måste reagera, vi måste visa var vi står.

Så, vad svarade jag personen som fanns inne i burkan? Jag sa, -Jag kan inte säga hej till dig, för jag ser dig inte! Så reste jag mig upp och gick därifrån. I korridoren träffade jag på en sköterska och för henne informerade jag om att jag kände mig otrygg i väntrummet, att jag var orolig för att det var terrorister som just kom in i lokalen, hennes svar var svalt och zombieaktigt, jag fick stå var jag ville, det var upp till mig.

Min man säger ibland att jag har livlig fantasi, och nu flög mina tankar till bombbälte, blod och förödelse ... och jag som idag endast skulle ta ett litet cellprov.

**Summa summarum, mitt besök där på Medeon** mittemot Mobilia köpcentrum blev ett besök i det "nya" Sverige där allt vi ser rasar runt om oss. Frånsett extremisterna i väntrummet till att det från att det brukar ta 2 (två) veckor för att få provsvaret i brevlådan till att det tar 10 (tio). Förklaring är den att uppsökande verksamhet som pågår gentemot de kvinnor från andra länder som inte brukar gå på gynekologiska hälsoundersökningar, det sinkar och djupt försenar svar som vi tidigare var vana vid att få mycket mycket tidigare.

Det är inte värdigt, svenskar missgynnas från stort till smått och på alla fronter i folkutbytesprocessen. Observera att förklaringen till sena provsvar fick jag dra ur personalen via långdragen mejlkonversation, agendan och planen "uppifrån" är att vi inget ska veta…..

Som ni märker kom jag med livet i behåll ut från vårdinrättningen, denna gång inget bombbälte. Men om blickar hade kunnat döda … två par svarta ögon stirrade på mig, jag olydiga svenska "smutsiga" kvinna. Och jag som endast vill ha det som vanligt, inget normbrytande utan endast ordning och reda i vårt land, där vi kan se varandras ansikten, samt få cancerprovsvar inom fjorton dagar så som vi alltid i modern tid tidigare fått!

*MAGNUS SÖDERMAN*
*6 november 2019*

# Bra att Ersson döms – men domen är hopplöst mild

**Asylaktivisten Elin Ersson dömdes i tingsrätten för att ha hindrat ett flygplan från att lyfta. Rättegången fick dock göras om på grund av jäv. Nu har tingsrätten åter klargjort hennes skuld med en fällande dom. Dock är domen allt annat än skälig. Hon kommer undan för lätt.**

Tingsrätten menar att Elin Erssons påföljd ska stanna vid 60 dagsböter om 70 kronor. Detta är skrattretande och uppenbart en dom där rätten gjort vad de kan för att dra i handbromsen. En advokat och flygrättsexpert som SVT talat med menar att 14 dagars fängelse borde tillfogats. Men tingsrätten anser att då flygplanet stod på marken så räcker det med dagsböter.

**I sak är det juridiska detaljfrågor** och det är möjligt att tingsrättens dom är korrekt. I sådant fall är det en politisk fråga och man måste arbeta för lagändringar som gör det mer kännbart att ägna sig åt den typ av brottslighet som Ersson gjorde. Det vore nog klokt. Men jag menar inte att straffen för civil olydnad nödvändigtvis måste skärpas, men däremot borde också i dessa fall själva orsaken till den civila olydnaden skärskådas.

I fallet med Ersson så var det att hindra utvisningen av en afghan som enligt laga ordning fått avslag på sin asylansökan. Med tanke på svensk migrationspolitik kan vi vara säkra på att om det aktivistiska Migrationsverket väl kommer fram till att någon inte ska bli kvar i landet, så är det så. Myndigheten friar hellre än de fäller och bara om det inte finns några skäl de kan skruva till så blir det avslag. Alltså har vi nu två aspekter att ta hänsyn till:

Ersson tar sig rätten att diskvalificera Migrationsverkets beslut och hon gör det genom att hindra ett fullsatt plan att lyfta. Vidare kan vi titta på vad gärningen i sig ledde till. Hon lyckades nämligen med att hindra utvisningen av en afghansk man som tidigare dömts till fängelse för misshandel. Detta var inget som Elin Ersson påverkades av, vilket tydligt framgår i DN där hon säger följande när hon konfronteras med uppgifterna:

– Jag hade ingen information om honom tidigare och har inte tagit reda på något efteråt. Det var honom som människa som jag försökte hjälpa, och inte fokusera på vad han tidigare hade gjort i sitt liv. Det var mitt personliga beslut.

**Någonstans borde gränsen dras kan man tycka.** Civil olydnad bör rätten ha viss förståelse för och det är sunt att det finns utrymme för det i ett samhälle. Men att med vett och vilja (och utan minsta ånger) begå brott för att hjälpa en brottsling att undgå ett utvisningsbeslut borde vara oacceptabelt. Rätten måste altid sätta gärningar i en kontext och det är viktigt att de ser helhetsbilden.

Så är det i Sverige idag, till exempel vid så kallade "hatbrott". En person blir dömd till hårdare straff om gärningen kan kopplas till "hat". Om en misshandel äger rum för att gärningsmannen bara kände för att göra det så ska rätten resonera på ett sätt. Om gärningsmannen däremot tyckte illa om offret på grund av att denne var bög, jude, svart eller rom – då ska domen bli hårdare (inte om offret var vit svensk däremot, då gills det inte).

Det är alltså helt i linje med svensk rättspraxis att se till helheten när resonerar sig fram till en dom. Exempelvis kan rätten mildra en dom om de anser att personen i fråga visat ånger och medlidande och sammalunda kan de döma hårdare om den skyldige varit brutal och ångerlös.

I fallet Elin Ersson är det uppenbart att rätten gjort allt de kan för att påföljden ska vara så mild som möjligt inom ramen för det utrymme de hade att döma inom. Att detta är politiskt kan vi ta för givet. Rätten kunde inte låta Erssons gärningar passera förbi helt och hållet; att frikänna henne hade varit alldeles för magstarkt. Däremot kunde de göra som de nu gjort, vilket i princip är en frikännande dom sett till påföljden.

Signalen man skickar ut till andra asylaktivister är att det är okej att göra som Ersson gjorde. Man visar att "samhället" har överseende med det och att eventuella framtida gärningsmän kan lägga undan några tusen och sedan klara sig bra. Det är fritt fram att hindra flygplan från att lyfta, om man gör det för att hindra utvisning av kriminella utlänningar.

**Vi kan här inte göra oss någon annan** föreställning utan konstatera att så är fallet. Sak samma, säger tingsrätten, om du ser till så att en dömd våldsman eller kriminell typ blir kvar i Sverige – på svenskarnas bekostnad – så länge du motiverades av (missriktad) altruism. Förkläd bara ditt brott i fina ord, floskler och värdegrundssvammel så får du en liten tillrättavisning av domstolen.

Möjligheten till civil olydnad ska vi värna, men vi ska också låta den kosta på – ordentligt. Då hjälper vi också till att skilja agnarna från vetet. Hade Elin Ersson (eller sådana som hon) varit lika villiga att begå sina brott om det kostat någon månad eller två i fängelse och en rejäl slant?

MAGNUS SÖDERMAN
6 november 2019

# Gustav Adolf den store – en profetians man

Året efter att Gustav II Adolf offrat sitt liv för Sverige och dött hjältedöden på slagfältet i Lützen, beslutade riksdagen år 1633 att han, för evärdelig tid, skulle benämnas som "Gustaf Adolph then Store". Han är den ende svenska regent som fått denna hedersbetygelse och han fick den med all rätt.

**Ett nytt skott på gammal stam**
Året 1594 inträdde med dysterhet i Sverige. Polens konung som också blivit Sveriges konung, Sigismund, kom för att ta sitt arvrike i besittning och han gjorde ingen hemlighet av sin avsikt att lägga nationen åter under påvens lydnad. Allt sedan Gustav Vasas dagar hade Sverige nämligen varit protestantiskt. I Sigismunds sällskap syntes jesuiter och så säker var man i Rom, att man sände till Sverige en påvlig legat – en syn som inte setts på nästa etthundra år.

Men man hade missbedömt svenskarnas vilja att omvända sig, för dessa vägrade kröna Sigismund innan denne med ed förbundit sig att upprätthålla den evangeliska läran i landet. Så den bistre hertig Karl av Södermanland red med ett par tusen beväpnade ryttare till kröningen i Uppsala för att tillse att den blivande konungen avgav sin ed. Stämningen blev upprorisk bland de påvligt lojala men till sist fann legaten från Rom en utväg.

En ed avgiven till en kättare betydde likväl inget och den heliga fadern i Rom skulle lösa Sigismund från eden, berättade han för tronpretendenten, varför Sigismund slutligen svor, med falskhet i hjärtat. Jorden brände sedan hans fötter och han resten hem till Polen för att aldrig mer se Sveriges huvudstad.

Snart anlände hertig Karl till huvudstaden för att överlägga med rådet. Med sig hade han sin hustru, hertiginnan Kristina. De tog in på slottet och den 9 december föddes sonen Gustav Adolf till stor glädje för det svenska folket. Ty både för borgarna och allmogen var hertig Karl Sveriges sannskyldige konung och i och med en tronarvinges födsel betydde detta räddningen från ett nytt påvevälde och bevarandet av gamle kung Gustavs verk i hela dess omfång. Gustav Adolf var nämligen en del av ätten Vasa såväl som det holsteinska huset.

### Uppfostrad till konung och man

Gustav Adolf uppfostran till regent var av det mer praktiska slaget och han fick från unga år följa sin far, Karl IX, på dennes frekventa resor genom landet. Detta gav den blivande konungen en närhet till folket och landet som han skulle beskydda. Han fick även tidigt vara med på konungens överläggningar och rådslag. Från tolvårsåldern deltog han i förhandlingar med utrikiska sändebud och vid femton höll han sitt första trontal. I umgänget i hovet lades även grunden för hans militära kunskaper då han deltog i samtal med krigsmän och fältherrar från både när och fjärran. Under hela barndomstiden ägnade han sig också åt de manliga lekarna; rida, fäkta, simma och tåla strapatser av allehanda slag.

Enligt en litterär beskrivning från år 1616, nedtecknat av ett holländskt sändebud, framstod Gustav Adolf sålunda:

"Hans Majestät var reslig till växten, av proportionerlig kroppsbyggnad, och hade ett ljuslätt och något långlagt ansikte, blont hår samt tillspetsat skägg, något stötande i gult."

### Tre krig som arvedel

Vid sjutton års ålder besteg Gustav Adolf tronen, den 26 december 1611. Han ärvde då tre krig vilka pågick. Dels var det erövringskriget mot Ryssland, vilket band upp de båda rutinerade fältherrarna Jacob De la Gardie och Evert Horn, dels var det försvarskriget mot den gamle ärkefienden Danmark samt försvarskriget mot Polen, där Sigismund fortfarande såg sig som legitim konung av Sverige. Den största faran låg vid tillfället i kriget mot Danmark och Gustav Adolf var i stort hänvisad till sig själv för att freda riket.

Den svenska hären var liten och dåligt rustad och man var avskurna från att ta in utländska knektar. För danskarna var läget det motsatta och de tyska värvningskontoren stod vidöppna för Kristian IV av Danmark. I denna svåra tid vädjade den unge konungen till landets allmoge och budkavlar gick ut. Nationens söner och döttrar kom till konungens hjälp och snart uppbådades nya styrkor för att avvärja fiendens erövrarplaner. År 1613 slöts freden i Knäred där Sverige dock fick acceptera ett hårt villkor: Älvsborgs lösen om en miljon silverriksdaler att betalas under sex år.

Då kriget mot Danmark var över riktades ansträngningarna mot Ryssland och snart lyckades Gustav Adolf att nå fred även där. Genom freden i Stolbova 1617 avträdde Ryssland Ingermanland och Kexholms län, vilket gjorde att Östersjön stängdes för dem och hotet mot Sveriges rike minskade. I freden ansåg Gustav Adolf, som att uttryckte det, ha skapat en gräns om vilken han kunde säga det skulle bli ryssen svårt "över den bäcken att hoppa".

Kriget mot Polen pågick av och till under tolv års tid med varierande krigslycka för svenskarna. Huvudmålet för Gustav Adolf var att säkra sin plats på tronen och bli av med Sigismund som alltjämt såg sig som rättmätig konung av Sverige, men framförallt att utestänga dem från Östersjön och göra detta till ett svenskt innanhav. Detta lyckades inte och efter flera års krig slöts till sist ett stillestånd på sex år i Altmark. Den relativa freden gjorde att båda parter istället kunde hänge sig åt att bli krigförande parter i det krig som sedermera kom att kallas det Trettioåriga kriget.

**Lejonet från Norden**
En tysk profetia nedtecknad av Paracelsus och utgiven i början av 1500-talet lade grunden för det hopp många kom att ställa till Gustav Adolfs och Sveriges inträde i det Trettioåriga kriget. Profetian berättar, här återgiven av Johan Nordström, bland annat att det:

"skall komma ett gult Lejon från Norden, som skall angripa och besegra Örnen (o: kejsaren). Innan detta sker, skola dock allehanda plågor och hemsökelser vederfaras folken. Kristi fiender skola uppbjuda all sin kraft. Men det väldiga Lejonet skall med sin lilla hop av rättfärdiga, stärkt av Guds allmakt, nedslå ondskans herradöme, gripa Örnens spira och underlägga sig hela Europa och delar av Asien och Afrika. Folken skola med glädje hylla denne gudfruktige härskare, mäktig av under och stora gärningar ... Då det nordiska lejonet fullbordat sitt lopp, skall frid och endräkt överallt bli rådande och Herrens ankomst och den yttersta dagen skola därefter snart vara att förvänta."

I det brinnande och långdragna kriget mellan katoliker och protestanter var denna profetia för de sistnämnda något hoppingivande.

En av Gustav Adolfs lärare under barn- och ungdomstiden var Johannes Bureus som var Sveriges första riksantikvarie. Bureus var föregångsman till göticismen utan att vara medveten om det och bedrev forskning kring Sveriges urhistoria och framförallt runorna – såväl rent språkligt som mytiskt. Bureus var mystiker och anklagades även för kätteri av kyrkan. Gustav Adolf räddade dock honom ur den knipan. Bureus ville återta bruket av runorna som skriftspråk i Sverige och Gustav Adolf var inte motståndare till idén. Bland annat användes runskrift ibland vid militära depescher. Bureus författade även Runa-ABC-boken att användas i skolan.

Myten om Lejonet från Norden användes i krigspropagandan där Gustav Adolf upphöjdes till den som skulle få Örnen på fall och krossa katolikerna en gång för alla. Man kan tänka sig att detta inte verkade för långsökt efter slaget vid Breitenfeld år 1631, där Gustav Adolf i grund besegrade den Katolska ligan under ledning av Johann Tilly, och därmed fick pendeln att slutligen svänga över till förmån för protestanterna. Den svenska segern fick omvärlden att häpna och Sverige befästes där som stormakt för första gången.

**Ett militärgeni**
När Gustav Adolf tillträdde tronen var armén i dåligt skick. Han insåg nödvändigheten av upprustning och beordrade kyrkan att lägga upp mantalslängder för att få fram stridsdugliga män i åldrarna mellan sexton till 60 år. Han tog också tag i att effektivisera slagkraften i de stridande förbanden genom att öka antalet befälspersoner vilket resulterade i mindre förband men med mer stridsvärde. Vidare satte han samman de kända svenska brigaderna, på sammanlagt 2 353 man, vilka benämndes efter färgen på deras kläder.

Tack vare konungens reformer och utskrivningarna i Riket, kombinerat med en ökad värvning av utländskt krigsfolk var Sverige i början av Trettioåriga kriget en militär stormakt med bra förband. De lättrörliga brigaderna kunde snabbt utföra en frontändring. De formerades i strid på två linjer, där bakre linjens brigader stod för hålen mellan den främre linjens brigader. Gustav Adolf såg även till att effektivisera artilleriet med lättare kanoner och standardiserade vapen komna från en inhemsk vapenindustri.

**Ordning i leden**
Förutom de militärtekniska och taktiska förändringarna vinnlade sig Gustav Adolf om soldaternas moral och omsorg om deras kvarter. Sträng lydnad rådde under fälttågen för alla och brott straffades mycket hårt. Vare sig plundring eller våld mot civila accepterades och inte heller spel, dryckenskap eller andra utsvävningar. Fältprästerna förrättade morgon- och kvällsbön som alla tvingades närvara på och däremellan höll de sina vakande ögon på soldaternas uppträdande.

Gustav Adolf vinnlade sig om att ordna soldaterna så bra kvarter som möjligt och såg till att, så gott det gick, sörja för deras hälsa och underhåll. Personliga initiativ uppmuntrades och belönades.

Över huvud taget var relationerna mellan truppen och kungen goda och han var själv uppskattad för sina omsorger. Gustav Adolf var också modig och djärv då han deltog i slagen, längst fram. Han vann soldaternas lojalitet och kärlek genom att dela deras elände, rädsla och segrar.

**I fredens värv**
Även om Gustav Adolfs tid som konung präglades av krig och svårigheter var hans regentskap dock en tid av inre utveckling i landet. Den svenska ståndsriksdagen erhöll sina lagstadgade former och inom den lägre förvaltningen ersattes det gamla ståthållar- och fogderegementet av ett konsekvent genomfört system genom fördelning i län och fögderier, vilket gjorde att civil och militär myndighet skildes åt. Skatteväsendet förenklades, och i en rikshuvudbok sammanfördes utgifter och

inkomster, varigenom en verklig statshushållning grundlades i Sverige. Även rättsskipningen reformerades genom den nya rättegångsordningen 1614 och upprättandet av hovrätterna. Dessa hovrätter förmanade konungen allvarsamt med orden:

"Där någon av er skulle mig, eller annan man till behag eller fördel, vränga rätten, skall jag låta draga honom huden av, spika den på domstolen och öronen på kåken."

Rättvisa var viktig för konungen.

Gustav Adolf såg också till att landets naturliga näringskällor öppnades på ett sätt som aldrig tidigare och en mångsidig industri blomstrade upp.

Konungen hade även intresse för den andliga och intellektuella skolningen som sörjdes genom ett högre undervisningsväsen: Uppsala universitet fick gåvor från Vasahusets eget arvegods och gymnasierna upprättades.

### Döden i dimman

Lützen den 6 november 1632, dimman ligger tät över slagfältet. I boken Gustav II Adolf av Fryxell (utg. 1894) är konungens sista strid återgiven sålunda:

"Den uppgångna solen doldes flera timmar bakom tjocka töcken, likasom i det längsta undandragande sig att gifva ljus åt den sjette november och Lützens fält. Först klockan elfva på dagen började hennes matta strålar att synas, i detsamma som en lätt vind förde dimmorna undan. Inom några ögonblick blefvo båda härarna synliga för hvarandra. 'Nu framåt i Herrens namn! utropade konungen', sammanknäppte händerna om värjfästet och tillade: 'Jesus! Jesus! Hjälp mig i dag strida till ditt heliga namns ära!' och i detsamma gaf han tecknet till anfall.

"Artilleriet öppnade på båda sidor elden, och svenska trupperna satte sig i rörelse. Under antågandet ledo de betydligt, dels af Wallensteins kanoner, dels af hans musketerare, hvilka, själfva gömda i diket, riktade en förödande eld mot de utan skydd på fältet framgående svenskarne. Konungen befallde därför att påskynda farten. Men rytteriet hade svårt att framdrifva hästarna mot musköttelden och sedan ändå svårare att komma öfver grafvarna, hvarjämte vänstra flygeln led betydlig skada af fiendens vid väderkvarnarna uppställda kanoner. Fotfolket däremot lyckades bättre. Först trängde Svenska, sedan Gula och därpå Blå brigaden öfver vägen, bemäktigade sig fiendens där stående sju kanoner och kastade sig med förfärlig styrka mot dess främsta brigad. Anföraren Bertold v. Wallenstein stupade, och folket nedhöggs eller skingrades. På samma sätt gick det med andra brigaden under Grana; men vid den tredje hejdades det häftiga anfallet, och svenskarne blefvo af fientliga rytteriet tagna i sidan. Från sina kamrater erhöllo de föga bistånd. På vänstra sidan hade Gröna brigaden i anseende till den mördande elden från väderkvarnarna icke kunnat följa de öfriga utan tvärt om dragit sig undan bakom mjölnarens vid sidan liggande byggnader, och på högra hade svenska rytteriet ännu icke till något synnerligt antal kunnat komma öfver de både breda och djupa grafvarna. Konungen, som insåg vikten af detta ögonblick, hastade dit och ställde sig i spetsen för Småländingarne; Stenbock låg redan sårad på fältet. 'Följen mig, mina tappra gossar!' ropade konungen och sprängde öfver grafven. Endast hans eget sällskap och några få bland ryttarne hade nog goda hästar att kunna följa exemplet. Konungen märkte det ej. 'Där framme står vår farligaste fiende', sade han och pekade på Piccolominis regemente. En österrikisk korpral såg, att svenskarne vördnadsfullt gåfvo den framridande rum. Han fattade därför en musketerare i armen, pekade på konungen och sade: 'Den där måtte vara en förnäm herre. Skjut på honom!' Soldaten lade an, och kulan krossade konungens vänstra arm, så att blodet strömmade och benpipan syntes utom kläderna. 'Konungen blöder', ropade svenskarne. 'Det är ingenting, mina barn, raskt, framåt!' svarade Gustaf Adolf och sökte genom en glad uppsyn lugna deras oro. Men snart öfverväldigad af smärta och blodförlust, lutade han sig till hertigen af Lauenburg och begärde på franska, att denne måtte föra honom obemärkt utur striden. De veko åt sidan för att för småländingarne dölja återtåget. Men knappt hade de hunnit några steg, förrän Götz' kyrassierregemente störtade efter dem och främst bland alla dess öfverstelöjtnant Moritz von Falkenberg, hvilken, igenkännande konungen, sköt honom genom lifvet under utrop: 'Dig har jag länge sökt!' Själf föll Falkenberg i samma ögonblick för en hämnande kula. Konungen vacklade men höll sig ännu på hästen och sade, dock med matt stämma: 'Broder! Sök att rädda ditt lif! Jag har fått så mycket jag behöfver.' Hertigen däremot red nära intill sidan och fattade konungen om lifvet ämnande på sådant sätt hålla honom kvar i sadeln, tills de hunnit ur striden. Men nu störtade hela den kejserliga ryttarskaran öfver dem. Konungens häst fick en kula i halsen, så att han stegrade sig och blef orolig. I detsamma aflossades en pistol mot hertigens hufvud och det så nära, att fastän denne med handen slog undan geväret, svedde dock krutelden både lockar och ansikte. I denna trängsel och förvirring släppte han konungen och flydde. Gustaf Adolf sjönk strax af den ostyriga hästen, släpades några famnar uti stigbygeln men lossnade och blef liggande. Af hans sällskap hade de flesta under stridsvimlet blifvit nedhuggna eller spridda, endast unge Leubelfingen återstod, ehuru redan sårad. Genast sprang han ned af hästen och erbjöd den åt konungen. Gustaf Adolf räckte upp sin hand, och ynglingen sökte hjälpa honom på fötterna men fåfängt. Leubelfingen var för svag, och konungen, af såren vanmäktig, kunde icke understödja hans bemödanden. Några kejserliga ryttare sågo uppträdet, ilade dit och frågade, hvem den sårade vore. Konungen teg; Leubelfingen teg. Den ene ryttaren rände i vredesmod värjan igenom Leubelfingen, och den andre sköt konungen genom hufvudet, hvarpå de och deras kamrater gåfvo dem än flera skott, afdrogo kläderna och läto de nakna kropparna ligga kvar på fältet. Leubelfingen lefde ännu några dagar efteråt, och genom honom har man fått underrättelse om dessa den store Gustaf Adolfs sista ögonblick.

"Truchsess, en annan af konungens sällskap, hvilken, själf invecklad i handgemänget, sett honom falla af hästen, lyckades sedan att undkomma och berättade för Kniephausen och hertig Bernhard den inträffade olyckan. Svenska fotfolket hade redan i brist af understöd nödgats vika tillbaka öfver vägen, och härarna innehade samma ställning som före slaget. Kniephausen rådde därför till återtåg, men hertig Bernhard, hvilken efter Gustaf Adolfs anordnande näst honom skulle föra befälet, beslöt motsatsen. Konungens död var redan allmänt bekant, åtminstone anad, ty man såg hans sårade häst springa omkring bland trupperna med sadeln tom och höljd af blod. Denna syn ingöt uti hvarje bröst den djupaste känsla af sorg, förtviflan och hämnd. Hertig Bernhard begagnade denna sinnesstämning och red igenom leden, ropande: 'I svenskar, finnar och tyskar! Eder, vår och frihetens försvarare är död. För mig är lifvet intet lif mera, om, jag icke får utkräfva en blodig hämnd. Välan, hvar och en, som vill visa, att han haft konungen kär, framåt för att hämnas hans död!' Och framåt störtade hela svenska hären."

När slaget var över var det svenskarna som höll fältet, de hade segrat!

Gustav Adolf den store hade själv sett ut sin grav i Riddarholmskyrkan i Stockholm. Han gravlades där den 22 juni 1634. På en inskription (skriven på latin) i kyrkan kan man läsa följande sammanfattande ord om konungens liv:

I trångmål begynte han sin bana.
Fromheten älskade han,
Fienderna nedslog han,
Riket utvidgade han,
Svenskarna upphöjde han,
De förtryckta befriade han,
I döden triumferade han.

*EVA-MARIE OLSSON*
*7 november 2019*

# Mycket är konstigt men vår uppgift är glasklar

**Med polarisering, falska nyheter och en strid om Sverigebilden kan mycket kännas konstigt. Men faktum kvarstår att för den nationella oppositionen – för Sverigevännerna – är det mesta ändå självklart.**

"Det är så konstigt Eva-Marie", sa min mångåriga vän. "Det du sagt och skrivit om och som du blivit så fruktansvärt hatad för, sådant säger alla nu, till och med socialdemokraterna, ibland säger sossar likadant, bland annat det med att kriminella invandrare ska ut ur landet, hur kan det vara så, jag fattar ingenting av detta, det är så upp och nervänt, riktigt sjukt är det, du har ju haft rätt hela tiden?"

Det är såhär. Ett: vårt land har ett fegt folk, och två, vi har begåvats med politiker som är så fruktansvärt onda. Media, och svenska politiker med makt vill oss ont, det finns ingen annan förklaring. Men nu har de förstått att vi "vanliga" mer eller mindre avslöjat elakt spel och onda avsikter, det bränns under deras fötter. Den socialdemokratiska pampen hemma på min gamla gata i Malmö, han till exempel vill enligt uppgift numera fly till Polen. De som tagit ifrån våra barn dess framtid står nu i faggorna att fly till mer homogena länder.

Det tål att fundera över. Sätt dig ner och fundera över den djupa ondska och folkförakt som bevisligen är härskande bland våra egna landsmän i maktpositioner. När den dagen kommer då gemene man förstår att man under många år blivit lurad, samt undanhållen viktig information av de som vi givit förtroende att styra landet på bästa sätt för oss, men inte gjort det. Då när ridån faller och vi ser vad lögner och skruvade visioner om ett folkutbyte ställt till, känns det långt ifrån kul. Det är lätt att hålla sig för skratt.

Min vän i andra änden av luren kände sig riktigt illa till mods, vi fortsatte och samtalet kom att handla om det gånga dygnets sprängningar i vår gemensamma födelsestad Malmö. Vi två äldre kvinnor förfasade oss över den våg av våldsamheter som drabbat och drabbar vår stad, "Men hur i alla sina dar kan det vara så, att det skjuts, våldtas och sprängs, så var det aldrig innan?"

Jag får tillstå att denna ständiga fråga går mig snart på nerverna. Mitt svar till henne blev, ja vad kan vi förvänta oss, "vi" väljer samma vid de val vi får lov att avlägga våra röster, och tror på riktigt att vi ska få annorlunda. Svensken älskar bevisligen att plåga sig själv, och struntar helt klart och bevisligen i att vi svenska folket formligen ger bort vårt land och våra barns framtid till främlingar. Främlingar som helt naturligt kommer hit med sina hemlands vildsinta kulturyttringar, skjuta spränga våldta.

Vi gör så många iakttagelser, vi gör nya iakttagelser, men det vi ser och är med om kommer lite smygande. En dag slår den nya tiden oss med full kraft. Min vän hade för några dagar sedan sett något som upprörde henne, i hennes närmiljö såg hon riktigt många arabiskmuslimska män inne på ett fik. "Du vet det där fiket vid Mobilia (köpcenter min not.) Mitt på dagen satt dom där, bredbenta och med sina stora skägg, det var fullt med muslimer, muslimska män, det fanns endast två personer där inne som var svenskar och det var två kvinnor i 60-års-åldern. Hur i alla sina dar?"

För det första sitter de muslimska herrarna där för att dom kan det, dom får pengar från oss, skattepengar du vet som i strid ström rinner iväg till andra länders medborgare, de där skattepengarna som om vårt land varit friskt och med modiga landsmän istället skulle fördelats så att det kom svenskar tillgodo. Och varför du ser dessa utomeuropeiska män, det är för att dom är många. Dom är många nu. Svarade jag.

Håll ögonen öppna hela tiden så kommer du att se att gatubilden är en helt annan än vad du egentligen vill ha, eller hur? Så vad ska du då göra? Sen pratade vi om något annat, vi gled över på att det nyss varit inbrott i lägenheten nära hennes, den sociala tilliten faller, och faller. Vid polisförhör av grannar fanns det de som drog sig tillminnes att det någon timme innan inbrottet hade varit en utländsk man som ringt på dörren, men eftersom den sociala tilliten markant fallit så kikar man nuförtiden endast i tittögat och låter det vara ifall den på andra sidan dörren inte är någon man känner. Tjuven bidade sin tid, och slog till.

Åsikterna går verkligen isär om vi har kaos eller inte, ifall vårt land blivit mer våldsamt eller inte. Är vi tvungna att ta i beaktande Afrika/Mellanösterns sätt att förhålla oss till varandra, kan svenska damer fortfarande konversera i normal samtalston på det lokala fiket när man är i numerärt underläge gentemot afrikaner och araber, vill man som svensk kvinna ens gå in på fiket som man brukar besöka för att ta en kopp kaffe och skinksmörgås, när muslimska män håller hov där? Kan vi lita på varandra, eller är den tiden förbi?

Sen har vi då att förhålla oss till reaktioner från den del av den yngre generationen som inte vill se problemen med skapandet av det mångkulturella kaoset. Problem och verklighetsförnekarna låtsas se ett helt annat land, för att man vill det. Man låtsas se ett tryggt och fint land när man tittar ut från sin fantasibubbla, typ en "smältdegel" där alla ler och är lyckliga med varandra och där alla såklart är lika värda. Men…

Finns möjlighet flyttar dessa verklighetsfrånvända till mer svenska områden när verkligheten kommer för nära. Dessa "snälla" personer tillika landsmän måste numera för att få bättre tillvaro för de egna barnen flytta strax utanför staden och inte som man kunde förr, endast byta område inom staden. Jag måste tillstå att det är riktigt fräckt att personer som flyttat för att rädda sig och sina barns skinn från mångkulturen samtidigt kan mena på att "man kan inte misstro allt och alla", det är lätt för den att säga som är relativt ung, och stark, samt har råd att flytta. Sen finns det vi lite äldre, och som kanske även har fysiska handikapp … hur ska vi kunna slå eller springa ifrån en ogärningsman, kontra ett helt gäng av missdådare?

Hur som, istället för att två och två snacka en massa i telefon om vår oro måste vi då och då riskera att förstöra den goda stämningen på kalas, fester, och ibland även runt det lilla matbordet. Vi måste våga säga ifrån när de "snälla" flummar bort i ordkaskader om den egna förträffligheten med sitt omfamna allt och alla, när de bevisligen inte gör det utan flyttar till mer svenska områden.

Avslöja hyckleriet!

*DANIEL FRÄNDELÖV*
*7 november 2019*

# Hur jag slutade oroa mig och lärde mig älska tekniken

**De teknologiska framstegen oroar många, inklusive undertecknad. Istället för att se på utvecklingen med glädje har den blivit synonym med en dystopisk framtid där den används emot medborgarna för att kontrollera och förtrycka oss. Men man behöver inte se på framtiden på det sättet. Som vanligt går det att hålla två bollar i luften på samma gång. Tekniken är farlig. Men tekniken är också underbar.**

Ibland undrar jag om jag inte blivit en äkta luddit. Ludditerna var ett gäng väldigt missnöjda textilarbetare under tidigt 1800-tal som protesterade och förstörde maskiner som hotade deras arbete. Genom att slå sönder maskinerna hoppades de säkra sina jobb även i framtiden. Det gick, som ni förstår, inte speciellt bra. Luddit har sedan dess blivit ett nedsättande begrepp på personer som är emot teknologi. En teknofob helt enkelt. En människa som skräckslaget ser in i framtiden och skakar på huvudet, och längtar tillbaka till en enklare tid utan dagens nymodigheter.

**Jag misstänker att jag har blivit drabbad** av just detta. Förr var jag mer teknofil än teknofob. Jag älskade att läsa om den senaste utvecklingen inom AI och andra högavancerade forskningsfält. Framtiden var ljus, allt kommer bli bättre. Jag vill tillbaka dit.

Sedan hände något. Sakta blev min syn på teknologi allt mörkare. Allt mer pessimistisk. Istället för att se möjligheterna till förbättring såg jag möjligheterna till förtryck. Mobiltelefoner var inte längre en fantastisk teknisk utveckling utan något som stjäl vår tid och förstör våra relationer. Läsare av Svegot vet att jag flera gånger förklarat krig mot mobiltelefonen, precis som Ludditerna förklarade krig mot textilmaskinerna. Kriget går inte mycket bättre än Ludditernas. Rättare sagt går det betydligt sämre. Det är ju en hopplös kamp. Själv har jag blivit friare från mitt mobilberoende men resten av världen följer det inslagna spåret. Så klart.

Det var när jag gick i dessa något bittra tankar som jag försiktigt började tänka om. Jag undrade varför jag blivit en sådan sur gammal Luddit som skakar med min skrynkliga hand mot skapelsen och förbannar den? Det är ärligt talat inte speciellt likt mig.

Vi vet alla förhoppningsvis den mörka sidan av den utveckling vi ser idag. Tekniken marscherar framåt allt snabbare och med den uppfinningar som kan användas till att göra världen mardrömslik. Kina är först ut och har redan nu kommit oerhört långt i sin kontroll av sina medborgare och de har bara börjat. England ligger inte långt efter och även här i Sverige blir vi satta under mer och mer övervakning.

Nu behöver ju inte staten dra i tumskruvarna speciellt hårt eftersom vi alla med extremt få undantag gärna ger bort den mest intima information man kan tänka sig via olika sociala nätverk.

Man blir lätt tungsint. Negativ. Ludditisk. All teknologi är dålig och utvecklingen likaså! Framtiden är mörk och dyster och det är till stor del på grund av tekniska framsteg.

Det finns mycket sanning i detta, men man behöver inte vara så enögd. Det är ju trots allt teknologin som kommer rädda oss och utveckla oss. Vi går på många sätt mot en fantastiskt spännande framtid. En framtid där AIn är människolik, där energin är ren och gratis, där sjukdomar är så gott som utrotade och där människor lever för evigt om man så vill, helt utan den biologiska kroppens alla fel och brister.

Ja, om vi inte lyckas utrota oss själva innan dess då. Det är ju tyvärr en möjlighet. Men nu försöker vi för en gångs skull se det positivt.

**I dessa tider när den vita civilisationen helt** verkar ha tappat bort sig är det lätt att glömma av vilka fantastiska uppfinnare och utforskare vi faktiskt är. Det kan även vara värt att påminna sig om att vad man än må tycka om nya teknologier och moderniteter så har utvecklingen alltid gått framåt.

Därför är det bäst att bara hänga med och försöka använda den till något positivt. Att omfamna den och lära sig älska den.

För det finns mycket att älska. Låt oss tillfälligtvis glömma bort dagens globala "utmaningar". Glöm sjunkande födelseantal hos vita och dito höga hos andra folkslag. Glöm folkutbytet och politikerna som spottar på oss. Glöm allt, och se in i framtiden med mig.

Året är... Säg 2050. Då lever de flesta av oss fortfarande. Mycket kommer vara ungefär som nu men mycket kommer vara oerhört mycket bättre. Datorerna har tagit stora kliv framåt och vi är inte längre beroende av klumpiga och dåligt fungerande mobiltelefoner. Istället är teknologin integrerad i oss och förbättrar och förenklar vårt vardagliga liv något oerhört.

Många av de sjukdomar vi dras med nu är utplånade och med dem mycket mänskligt lidande. Vi färdas i högteknologiska och självkörande bilar som drivs av små och miljövänliga batterier som lagrar ofantliga mängder energi. Energi som kommer från fusion och därmed är mer eller mindre gratis och finns i sådan mängd att den kan ses som outsinlig.

Med krisen i början på 2000-talet i relativt färskt minne har mänskligheten en gång för alla förstått att det är bäst om alla lever där de hör hemma, i sina egna länder. Detta har frigjort oerhörda resurser som istället läggs på vetenskap och utforskning av vårt planetsystem.

Månen och Mars är bedodda av modiga äventyrare som förbereder himlakropparna till att hysa större befolkningsgrupper även där. Rymdfärder är något även medelklassen har råd med och den som vill kan, efter att ha sparat lite, byta sin Thailandsresa mot en sväng i rymdens vakuum.

Den artificiella intelligensen är fortfarande inte direkt mänsklig men så pass avancerad att den på egen hand hjälper mänskligheten med dess utveckling, och sköter allt fler sysslor utan att en enda gång göra fel. Risken för ett "Skynet" har visat sig överdriven, då man aldrig skulle låta en AI kontrollera något som kan vändas emot människor. Den AI som finns är under strikt kontroll av människor.

Ser vi längre in i framtiden, där våra barn och barnbarn kommer leva, fortsätter den ljusa utvecklingen. Teknologin avancerar fort och liknar mer och mer sådant vi idag skulle kalla magi. Snart lever människan för evigt, om den vill. Sjukdomar är helt utrotade och med det mänskligt lidande.

**Det är en underbar framtid och ju mer jag tänker** på detta desto lättare är att ta sig igenom vardagens ibland mörka dagar. För den tid vi lever i nu är övergående, en liten parantes i mänsklighetens historia. En hicka, ett kort sjukdomsförlopp.

Teknologin är som eld. Eld kan värma ditt hus eller bränna ned det. Därför är det inte en speciellt bra idé att vara teknikfientlig. Särskilt vi, i opposition, behöver härska över den så inte tekniken härskar över oss.

Så se på vår framtid med glädje och förväntan. 2050 ligger inte långt bort och för varje dag går tekniken framåt och ger oss ett lite bättre liv att leva. Det går att både vara teknikskeptiker och teknofob. Och det är ett betydligt trevligare liv än att önska att all utveckling ska upphöra. För det kommer aldrig ske, om inte mänskligheten går under. Och det är det som tur är ganska få som önskar sig.

*MAGNUS SÖDERMAN*
*7 november 2019*

# Ointresset för Sverige är totalt hos de styrande

**När FN sökte immateriella kulturarv att bevara tyckte svenska regeringen att vi inte hade några; svenska fornminnen som grävs upp smälts ned; svensk historia förminskas i skolorna och museerna belyser den ur modernistiska perspektiv. Och nu tvingas också Riksarkivet att dra ned på personalen.**

Det är uppenbart att svensk historia och svenskarnas vilja att knyta an till den är på uppåtgående. Släktforskningen ökar och tidskrifter på ämnet går det bra för. Detta är naturligt för när svenskheten utmanas och ifrågasätts vaknar en rebellisk anda upp, en tvingande känsla att veta vem man är, varifrån man kommer och vartåt man är på väg. Globalismen föder behovet av att lära känna sina rötter. Speciellt viktigt är det för människor som befinner sig i storstäderna, eller som flyttat från sin hembygd. Man är svensk, det känner till och med den mest inbitna politiskt korrekta varelsen. Men man är också mer än så, man är sin familj och sin hembygd. Hur många år än den svenska socialdemokratin försökt (för)leda historieundervisningen med idéen om att allt började med arbetarrörelsen och SAP, så har det inte slagit rot.

Och – åter igen – när rotlösheten breder ut sig bland folk som inte hittar fotfästet i en globaliserad värld, kommer viljan att finna rötterna.

Sverige är ett fantastiskt land för den som vill söka sina rötter. Vi har länge sett till att hålla ordning och reda och med kyrkoböckerna brukar det vara en enkel sak att komma ett par hundra år bakåt i tiden. Inte heller är det svårt att finna information om hembygden. Länsmuseer började skapas i mitten av 1800-talet och hembygdsgårdar finns i princip överallt i landet. En eldsjäl värd att nämna är Gustaf Ankarcrona som grundade Dalarnas hembygdsförbund i början av 1900-talet, vilket var startskottet på hela hembygdsrörelsen. Därtill har vi Riksantikvarieämbetet som grundades av Gustav Adolf den store år 1630. Vår första riksantikvarie var Johannes Bureus, runforskare och kungens tidigare privatlärare. Men det kommer mera.

**Riksarkivet är en av våra äldsta myndigheter**, vars rötter går tillbaka till 1200-talet. Riksarkivet förvarar främst arkivhandlingar från svensk statlig och regional förvaltningen samt från myndigheter och andra organ. Man har också en stor del arkiv levererade från både rikstäckande och lokala föreningar, enskilda personer och godsarkiv. Det äldsta dokumentet i Riksarkivet är ett pergamentsblad ur en mässbok, skrivet i England i slutet av 900-talet. Under Riksarkivet finns de olika landsarkiven samt Krigsarkivet.

Myndigheten har dock hamnat i ekonomisk trångmål eftersom politikerna inte prioriterar dylikt. Svårare än så är det inte. Sydsvenskan berättar att på Lansarkivet i Lund är det stora nedskärningar med sju uppsagda tjänster, minskade öppettider, nej till visningar i arkiven och projekt som inte kan fullföljas. Detta är ett resultat av att Riksarkivet har ett underskott på 58 miljoner kronor. Där säger man upp 50 personer, vilket resulterar i en fruktansvärd kunskapsförlust.

Riksarkivet sorterar under Kulturdepartementet vars chef är statsrådet Amanda Lind (MP). Tidigare var det Alice Bah Kuhnke, från samma parti. Vare sig nuvarande eller den tidigare chefen har brytt sig nämnvärd om svensk kultur och snarare använt sin position för att lyfta ideologiska frågor som feminism, "demokrati" och mångkultur.

Minoriteter, invandrare och allt utifrån kommet har varit det central för myndigheten och det är till sådant som pengarna gått. Det är logiskt med tanke på ministrarnas ideologiska tillhörighet. MP är ett vänsterradikalt parti som tittar bakåt med avsmak. Det gamla Sverige – det svenska Sverige – är något som ska glömmas och gömmas; och tvingas man glänta på dörren till det förflutna så ska det göras med moderna ideologiska filter. "Hur var det med karolinernas kvinnosyn egentligen?".

När intresse ställs mot intresse och grupp mot grupp så förlorar svenskarna. Så går det när man låter socialister, vänsterliberaler och liberalkonservativa styra och ställa. De har ingen egentligt intresse för Sverige, svenskhet, svensk kultur eller svenskar. Tyvärr saknar vi idag sådana som Arvid August Afzelius eller Artur Hazelius, män med resurser och brinnande intresse för det svenska Sverige. Sett till den nationella oppositionen fokuserar nästan allt på det politiska. Detta är ett problem eftersom det politiska måste ha en grund att stå på.

I Sverige usurperade socialdemokratin tidigt de nationella initiativen och gjorde dem till sina egna. Läser man tidiga författare hos arbetarrörelsen så är deras nationalism och folkliga omsorg uppenbar. De var fria svenskar som krävde rättvisa villkor för arbetare, inte antisvenska internationalister. Den sidan av socialdemokratin lät dröja ett tag i landet.

**Därför är det så att om din plats inte** är på barrikaderna för en politisk omdaning så är den definitivt bland kulturkämparna. Det börjar med hembygden och hembygdens koppling till riket; det är lokalhistoria, folkmusik och folkdräkter; det är berättelserna om människorna som levde och verkade där, som tillsammans var det svenska folket. Det finns inget som hindrar dig – just dig – att bli drivkraften i en folklig renässans där du befinner dig. Du har inte rätt att sitta på sidlinjen och vänta på någon annan; för att vänta på någon annan är att vänta på Godot.

*JALLE HORN*
*8 november 2019*

# Kamp mot storm och troll och självaste guden Ran

**Nu blir det äventyr. Nu blir det nämligen sjöfärd på vikingatid, med kamp mot storm och troll och självaste guden Ran.**

Det är med blandade känslor man läser Fritiofs saga av Esais Tegnér, färdigställd 1822. Handlingen är spännande och gripande, huvudpersonen Fritiof är en ganska intressant karaktär, stilen är frodig eftersom Tegnér använder 24 olika versmått (ett för varje kapitel) och det är således härlig poesi. Men några karaktärer är lite stela och det kan bli lite väl sentimentalt ibland, i synnerhet kärleksaffärerna. I det stora hela är dock Fritiofs saga klart läsvärd, ja egentligen ett måste för varje nationellt lagd svensk – även om hjälten Fritiof nog är norsk.

Berättelsen bygger delvis på den isländska medeltidssagan Fritiofs den djärves saga och utspelar sig på vikingatiden. Av den sagan har Tegnér skapat ett romantiskt epos (berättelse på vers); han verkade under den stilepok som kallas romantiken. Idealet är Homeros epos Iliaden och Odysséen. Från dem har han bl.a. lånat Akilles vägran att delta i krig, Odysseus resor, äventyr och slutliga hemkomst samt användandet av 24 kapitel, eller sånger som det kallas på finlitterärt språk. På Tegnérs tid kallades de rent av för romanser.

Här återges kapitel 10 ur Fritiofs saga med moderniserad stavning. Den tidens stavning av huvudpersonen står dock kvar i dikttexten: Frithiof. Följande har hänt före nedanstående kapitel: Bondsonen Fritiof och Ingeborg, dotter till kung Bele över Sogne (i dagens Norge), älskar varandra. Fäderna dör, och snart vill de gifta sig med varandra. Men Ingeborgs bröder Helge och Halvdan vägrar låta Ingeborg bli gift med en enkel man av folket. Även kung Ring från ett grannland får ett hånfullt avslag, varför han startar krig. Som hämnd vägrar Fritiof hjälpa till i kriget. Däremot tar han sig i smyg in i Balders helgedom, ett tempelområde med lund och hage där Ingeborg placerats under kriget (i kapitel 10 hänvisas det till Fritiofs besök där). Där är det förbjudet med människors kärlek. Fastän Fritiof och Ingeborg bara har talat kärleksfullt med varandra åläggs Fritiof som straff att åka med sitt skepp Ellida till jarlen Angantyr på Orkneyöarna (de Orkadiska öarna) och inkräva skatt. Kapitel tio utspelar sig på havet på väg till Orkneyöarna där Fritiof såsom sann viking inte räds stormarna. Senare tvingas Fritiof i landsflykt. Han mognar med tiden och kan till slut återvända till hem och brud.

I avsnittet nedan har Fritiof precis seglat iväg och hans fiende Helge ska till att trolla fram storm och monster. Kapitlet är ett av bokens bästa avsnitt med starka naturkrafter, frejdig inställning hos Fritiof och skön vers.

Förklaringar till namnen i kapitlet nedan: Solundarö är inloppet till Sognefjord (nuvarande Sula-öarna i Norge); Ham och Hejd är de sjötroll som Helge sejdar (trollar) fram för att skapa storm; Ran/Rana är havsdjupets gudinna, som hyser de drunknade i sina salar på havsbotten; Björn är Fritiofs vän; Efjesund ligger på Orkneyöarna.

## 10. Frithiof på havet

Men på stranden stod
kung Helge och kvad
med förbittrat mod,
och till trollen han bad.

Se, då mörknar himlabågen,
dundret går kring öde rum,
och i djupet kokar vågen,
och dess yta höljs med skum.
Blixtarna i molnen draga
här och där en blodig rand,
alla havets fåglar jaga
skrikande emot sin strand.

"Hårt blir vädret, bröder!
Stormens vingar hör jag
flaxande i fjärran,
men vi blekna ej.
Sitt du lugn i lunden,
tänk på mig och längta,
skön i dina tårar,
sköna Ingeborg!"

Mot Ellidas stam
drog ett trollpar till fejd.
Det var vindkall Ham,
det var snöig Hejd.

Och då lösas stormens vingar,
och den vilde doppar dem
än i djupet, än han svingar
virvlande mot gudars hem.
Alla fasans makter skrida,
ridande på vågens topp,
ur den skummiga, den vida,
bottenlösa graven opp.

"Skönare var färden
uti månens skimmer
över spegelvågor
hän mot Balders lund.
Varmare, än här är,
var vid Ingborgs hjärta,
vitare än havsskum
svällde hennes barm."

Nu Solundarö
står ur våg, som går vit,
där är stillare sjö,
där är hamn, styr dit!

Men förvågen viking rädes
ej så lätt på trofast ek,
står vid styret själv och glädes
åt de vilda vindars lek.
Hårdare han seglen fäster
skarpare han vågen skär.
Rakt i väster, rakt i väster
skall det gå, vart böljan bär.

"Lyster mig att kämpa
än en stund mot stormen.
Storm och nordbo trivas
väl ihop på sjön.
Ingborg skulle blygas,
om dess havsörn flöge
rädd, med slappa vingar,
för en il i land."

Men nu växer våg,
nu fördjupas göl,
och det viner i tåg,
och det knakar i köl.

Dock, hur vågorna må strida,
tumlande nu med, nu mot,

gudatimrade Ellida
trotsar ännu deras hot.
Som ett stjärnskott uti kvällen,
skjuter hon sin fart i fröjd,
hoppar, som en bock på fjällen,
över avgrund, över höjd.

"Bättre var att kyssa
brud i Balders hage,
än stå här och smaka
saltskum, som yr opp.
Bättre var att famna
kungadotterns midja,
än stå här och gripa
roderstången om."

Men oändlig köld
snöar skyn utur,
och på däck och på sköld
smattrar hagelskur.

Och emellan skeppets stammar
kan du icke se för natt,
där är mörkt som i den kammar,
där den döde blivit satt.
Oförsonlig våg, förtrollad,
vill dra seglaren i kvav;
vitgrå, som med aska sållad,
gapar en oändlig grav.

"Blåa bolstrar bäddar
Ran i djupet åt oss,
men mig bida dina
bolstrar, Ingeborg!
Goda drängar lyfta
årorna Ellidas,
gudar byggde kölen,
bär oss än en stund."

Över styrbord gick
nu en sjö med fart,
i ett ögonblick
spolas däcket klart.

Då från armen Frithiof drager
lödig guldring, tre mark tung,
blank som sol i morgondager,
var en skänk av Bele kung.

Hugger så i stycken ringen,
konstfullt utav dvärgar gjord,
delar dem och glömmer ingen
utav sina män ombord.

"Guld är gott att hava
uppå giljarfärden,
tomhänt träde ingen
ner till sjöblå Ran.
Kall är hon att kyssa,
flyktig till att famna,
men vi fästa havsbrud
med det brända guld."

Med förnyat hot
faller stormen på,
och då brister skot,
och då springer rå.

Och mot skeppet, halvt begravet,
vågorna till äntring gå.
Hur man också öser, havet
öser man ej ut ändå.
Frithiof själv kan ej sig dölja,
att han döden har ombord.
Högre dock än storm och bölja
ryter än hans härskarord.

"Björn, kom hit till roder,
grip det starkt med björnram!
Sådant väder sända
Valhalls makter ej.
Trolldom är å färde:
Helge niding kvad den
säkert över vågen,
jag vill upp och se."

Som en mård han flög
uti masten opp,
och där satt han hög
och såg ned från topp.

Se, då simmar för Ellida
havsval, lik en lossnad ö,
och två leda havstroll rida
på hans rygg i skummig sjö.
Hejd, med pälsen snöad neder,
skepna'n lik den vita björn,

Ham, med vingar, dem han breder
viftande, som stormens örn.

"Nu, Ellida, gäller
visa, om du gömmer
hjältemod i järnfast,
buktig barm av ek.
Lyssna till min stämma:
är du gudars dotter,
upp, med kopparkölen
stånga trollad val!"

Och Ellida hör
på sin herres röst,
med ett språng hon kör
emot valens bröst.

Och en blodig stråle ryker
utur såret upp mot sky;
genomborrat vilddjur dyker
vrålande till djupets dy.
På en gång två lansar springa,
slungade av hjältearm,
mitt i luden isbjörns bringa,
mitt i becksvart stormörns barm.

"Bra, Ellida, träffat!
Ej så hastigt, tror jag,
dyker Helges drakskepp
opp ur blodig dy.
Hejd och Ham ej heller
hålla sjön nu längre:
bittert är att bita
i det blåa stål."

Och nu stormen flyr
på en gång från sjön,
blott en svallvåg styr
mot den nära ön.

Och på en gång solen träder
som en konung i sin sal,
återlivar allt och gläder
skepp och bölja, berg och dal.
Hennes sista strålar kröna
klippans topp och dunkel lund,
alla känna nu de gröna
stränderna av Efjesund.

"Stego Ingborgs böner,
bleka mör, mot Valhall,
böjde liljevita
knän på gudars guld.
Tar i ljusblå ögon,
suck ur svandunsbarmar
rörde Asars hjärtan,
låt oss tacka dem!"

Men Ellidas stam,
utav valen stött,
går i marvad fram,
är av färden trött.

Tröttare ändå av färden
äro alla Frithiofs män,
knappast, stödda emot svärden,
hålla de sig uppe än.
Björn på väldig skuldra drager
fyra utav dem i land,
Frithiof ensam åtta tager,
sätter dem kring brasans brand.

"Blygens ej, I bleke!
Våg är väldig viking,
det är hårt att kämpa
emot havets mör.
Se! där kommer mjödhorn
vandrande på guldfot,
värmer frusna lemmar.
Skål för Ingeborg!"

*JOHAN SVENSSON*
*9 november 2019*

# Flyttlasset går, så även förståndet

**Varför utsätter man sig för att flytta? Detta sisyfosprojekt kan få den mest tålige att bryta ihop i tårar och ångra den dag man i oförstånd bestämde sig för att bryta upp och lämna sitt trygga boende.**

"Nog finns det mål och mening i vår färd – men det är vägen som är mödan värd. … Bryt upp! Bryt upp! Den nya dagen gryr. Oändligt är vårt stora äventyr".

Karin Boye kan inte ha varit klok i huvudet. Jag drabbades nyligen av sådan brist på omdöme och får nu betala för det. Ryggen är skev som en krockad Peugot och nerverna hänger i trasor. Man står där mitt i förödelsen och faller på knä som soldaten i Plutonen med armarna upp mot skyn och ställer sig frågan: vad skulle detta vara bra för?

Att möbler kan väga så mycket. Det ska bäras, släpas, lyftas och härjas. Akta väggen, tokfan, den är nymålad! Dra inte sängbenet i spegeln för tusan! SMACK. Krukan med största yuccapalmen åker i golvet med en smäll. Jord och porslin överallt. Vem i glödheta helsike var så in i bomben vrålkorkad att han ställde krukan på en lutande flyttkartong? Jaså det var jag själv. Tusan också. Folk överallt. Berg av kartonger. Någon har hittat stereon och satt på en 80-talslista. "Blir det aldrig pizza?", ropar en röst i förskingringen. "Tror du att de var rädda om den här mattan?", mumlar någon i smyg. Det är som en blandning av Fear & Loathing in Las Vegas och Der Untergang.

När dammet väl lagt sig sitter vi där ensamma på kvällen, flämtandes. Aldrig mer, lovar vi varandra.

– Jag flyttar aldrig igen. Ni får farao bära ut mig ur det här huset i en kista, stönar jag och öppnar en öl.

– Jag bär inte ett jädra nå't till, säger K. Jag ringer en flyttfirma när du trillar av pinnen. Hon häller upp en rejäl laddning prosecco i ett ölglas vi lyckats hitta i röran.

Trots att vi är helt slut har det ändå gått rätt bra på det hela taget. Palmen var dagens enda större krigsskada och den har vi ändå lyckats plantera om på intensivvårdsavdelning.

Den här flytten var trots allt relativt smidig. Jag har varit med om värre missöden i samband med flyttar. När jag bodde utomlands så skulle jag och mina kamrater flytta mellan två boenden. För att klara av att få plats med all packning hade vi tänkt hyra en skåpbil. Det hade alla andra också tänkt. Fast till skillnad från oss så hade de tänkt på det flera månader i förväg och bokat sina bilar. Vi åkte runt halva delstaten i jakt på en skåpbil, allt medan timmarna förflöt och klockslaget där vi skulle vara utflyttade och nästa hyresgäst kom drog allt närmre. Till sist hyrde vi i förtvivlan en pickup. Det är det största fordon jag någonsin har framfört. Pickisen var cirka fyra meter bred och tolv meter lång och tre meter hög. Så kändes det i alla fall. Jag lyckades ratta monstertrucken hem till huset och svängde upp på uppfarten samtidigt som den nya hyresgästen svängde in med sin skåpbil. Jag har aldrig tömt ett boende så fort som vi gjorde då.

På flaket rymdes nästan hela bohaget för tre personer, nitat på plats med spännband. Även där var en stor jäkla palm med, som vi i hysterisk frenesi satte på toppen av lasset. Detta gav intrycket av att vi var en ambulerande öde ö på jakt efter någonstans att stranda. Vi flöt iväg till vår nya adress och där skedde Missödet. Det var lite knepigt att få in detta groteska fordon på uppfarten och sikten bakåt var milt sagt begränsad. Kamraterna fick hoppa ur och ropa instruktioner till mig på kommandobryggan, förlåt bakom ratten.

När jag nästan är på plats kommer en skåpbil farande och jag blir lätt stressad där jag står tvärs över gatan. Jag slinter på rattväxeln (googla det, barn) och lägger av misstag i backen samtidigt som jag sopar till gaspedalen. BRÖÖÖM! säger motorn och skickar mig bakåt med kraft och kräm. Kamraterna vrålar åt mig att stanna men precis innan jag förstår vad som händer och lyckas få foten på bromsen rammar jag med full kraft in i en telefonstolpe som jag skickar dit pepparn växer med ett ljud som bäst kan beskrivas som "bunk" fast vansinnigt mycket högre. Palmen slet sig från sina bojor och seglade i stilla majestät iväg likt en baktung albatross genom luften och in i ett skogsparti. Där lever den än idag tror jag.

Det måste ha varit ena ärans latoxar som satte dit stolpen. Den satt ju bevisligen på tok för löst förankrad i marken. Hade de inte dimensionerat belastningen för svenskar i skenande hangarfartyg? Personerna i skåpbilen stirrade på mig när de åkte förbi och jag vinkade lite blygt tillbaka där jag stod i diket. Otroligt nog verkade ingen annan i kvarteret ha sett det inträffade så jag körde fort upp bredvid vårt hus och ströp motorn. Stolpen hängde i sina ledningar, som en stupad soldat på taggtråd. På västfronten intet nytt, inget att se här, cirkulera. Kofångaren hade mirakulöst nog inte en skråma.

Vi packade in allt i huset, lämnade tillbaka helvetesmaskinen till biluthyrningen och sedan satt vi där inne som skrämda ekorrar och tryckte, väntande på polisen.

Polisen kom aldrig men däremot kom några snubbar från telebolaget ett par dagar senare. De kliade sig i huvudet, satte stolpen på plats igen och kopplade i alla ledningar medan vi satt på verandan och smuttade på våra öl och låtsades som att det regnade. De muttrade något om erosion innan de satte sig i bilen och åkte iväg.

Ett par dagar senare vågade vi hänga ut vår svenska flagga från förstukvisten. Man vill ju inte dra uppmärksamhet till sig i onödan och vår bedömning var att brottet var preskriberat vid det laget.

Vi hade en rejäl inflyttningsfest och även grannarna dök upp och tjingsade på oss.

– Det var riktigt skumt, telefonlinjen var död i flera dagar förra veckan, säger en granne roat. Så typiskt när alla ska flytta in och ringa och beställa el- och gasabonnemang. Jag vet inte om ni såg det men telefonstolpen här borta hade ramlat omkull. Jag fick ringa till telebolaget. När var det ni flyttade in sa ni?

– För länge sedan. Erosionen är för jäklig i den här delen av staden har vi hört. Här, ta en gin & tonic till.

*JALLE HORN*
*11 november 2019*

# Gamla murar och nya
# – i Tyskland och Sverige

**Berlinmuren föll för 30 år sedan. Det har firats i Tyskland, och svensk media har förstås följt upp med diverse reportage, artiklar m.m. Men i nästan samma ögonblick som muren revs byggdes nya – mindre synliga – murar i Tyskland. I dagens Sverige finns det också mycket av den varan.**

När Berlinmuren föll innebar det en befrielse för många människor. Även om många tyskar i de östra förbundsländerna (Mecklenburg-Vorpommern, Brandenburg, Berlin, Sachsen, Sachsen-Anhalt och Thüringen) än idag känner s.k. ostalgi och rent av önskar tillbaka till DDR-tiderna, då staten påstod sig ta hand om medborgarna, är det dåtida förtrycket ett faktum: människor fick inte flytta ut ur landet (åtminstone inte västerut), de fick inte handla en viss sorts varor när de ville, de fick inte rösta som de ville, de fick inte vara företagare, de fick inte uttrycka åsikter som de önskade, de fick inte lära sig saker med fri tanke. Och mycket annat!

**Återföreningen var naturlig med tanke på** att de två staterna innehade ett folk och att öststatskommunismen var i upplösning i slutet av 80-talet. DDR:s ekonomi var i botten, Sovjetunionen gjorde lite åt saken, östtyskarna demonstrerade ständigt, partiledningen velade m.m. Eufori rådde när muren knackades ner av frihetslängtande tyskar och DDR föll ihop som ett korthus. Nu skulle man vara ett folk igen.

Ändå har återföreningen gått knackigt på flera sätt. Nostalgin är ett uttryck för det. Skälet är att många östtyskar i 30 år har känt sig hjälplöst åsidosatta. Även om det inte var föresatsen har återföreningen helt skett på Västtysklands villkor. Det är inte bara det att de östra delarna juridiskt och politiskt så att säga inkorporerades i BRD (Bundesrepublik Deutschland, Västtyskland). Västtyskar dominerar nästan helt inom viktiga samhällsfunktioner. I näringslivstoppen, universitetsvärlden, media och politiken är så gott som alla västtyskar. Angela Merkel är det stora undantaget som bekräftar regeln.

Går man ner en nivå ser man hur västtyskar har fått tillbaka fastigheter i öst som exproprierades av DDR, hur andra västtyskar köpt upp fastigheter billigt, hur många östtyskar är arbetslösa, hur infrastruktur och näringsliv mycket sakta går framåt i östdelarna medan den frodas i väst, hur västtyska professorer i östtyska lärosäten omger sig med västtyska doktorander m.m.

Den gamla muren har ersatts av nya, osynliga murar mellan folken. Det är till stor del naturligt. DDR var en förlorad stat, och det tar mycket lång tid att komma ikapp. Det vet varje historiker. Likväl framstår det givetvis som en stor besvikelse och orättvisa för östtyskarna. Många känner sig mindervärdiga och har en negativ syn på återföreningen. Därigenom har det skapats mindre tillit mellan landets delar, ibland som två folk. Det ska tilläggas att många i väst också känner visst missnöje med situationen eftersom mycket skattepengar pumpas in i de östra delarna. Även om begreppen wessis och ossis har gamla anor frodas de mer än på länge.

**Det är ett av skälen till att** Alternative für Deutschland går så bra i de östra förbundsländerna. Människor känner sig överkörda när de "tvingas på" invandrare en masse in på knutarna, och det blir ännu ett sätt varmed folket känner sig splittrat. Känslan av att bli överkörda – unterm Rat – har östtyskarna känt länge, varför AfD är ett naturligt val för många.

När man tänker över dagens Sverige med det tyska ödet för handen är det svårt att inte se en mängd osynliga murar även här. Ett fåtal banker härskar oinskränkt, de politiska partierna leds hänsynslöst från Stockholmsregionen, svensk media ägs av några få stora bolag. Det mesta i Sverige utgår till största del från storstadsregionerna. Landsbygden lämnas därhän och kan omöjligen komma ikapp.

Även om det är naturligt utifrån ekonomisk utveckling och förd politik, så har vi att göra med orättvisor som bygger osynliga murar. Medan det i Tyskland är mellan öst och väst, så är det här mellan storstad och landsbygd. Det blir knappast bättre av att bönder straffas, jägare hånas, småstadsbor häcklas p.g.a. fel politisk uppfattning. Förnuftiga småstadsbor som röstar på SD hånas i storstadsledd media av dumma MP-röstare. Och värst av allt: små kommuner luras på massinvandring som de aldrig kan klara av att hantera, varmed deras ekonomi helt slås i kras.

**I Tyskland och t.ex. USA** kan statspolitiken inte ignorera vad som sker i Thüringen eller Minnesota, ty de har kraft i valen. Och media kommer inte heller åt människorna utanför storstadsregionen; människorna där är stolta över sitt engagemang för Trump och AfD. Men i Sverige spelar det ingen roll vad som sägs och sker i Norrbotten och Värmland.

Nu vill sossarna rent av ännu mer cementera de problematiska förhållandena i småstadsregionerna. Man vill öka utjämningsanslagen så att kommuner som tvingats (eller velat) ta emot mängder av invandrare ska få ökade statliga bidrag och därmed bli än mer beroende av Stockholm och kanske luras till att ta emot än fler. Ett par sossar har i dagarna en debattartikel meddelat hur partiet vill genomföra det, medan deras klassiska huvudmotståndare Moderaterna påstås vilja förgöra landsbygden.

Det kommer förstås bara att göra "murarna" i landet högre och hårdare.

Man kan faktiskt dra murmetaforen lite längre. I Sverige (och även många andra västerländska länder) reses ideligen ideologisk-existentiella murar. Vi har förstås den mellan storstad och landsbygd. Men ideologerna bygger också murar mellan kvinnor och män samt mellan "klimatmedvetna" och "klimatförnekare" (vad nu orden innebär). Samtidigt skyller vänsterideologerna på att det är den moraliskt förkastliga parten som skapat polariseringar mellan parterna. Men som vanligt måste man se allt de säger i en spegel. Faktum är att även raspolariseringen är vänsterideologernas verk, och som i de andra exemplen nedvärderas en part kraftigt.

Vår uppgift liknar de gamla DDR-dissidenternas: bryta ner de skadliga krafterna i staten och riva de murar av polarisering den byggt. Och samtidigt bygga våra sunda samhällen!

*EVA-MARIE OLSSON*
*11 november 2019*

# Att hitta tillbaka till sina rötter, på nåt sätt

**Vi har våra egna rötter, de som ligger oss nära. Men vi har också gemensamma rötter utifrån bygden och landskapstillhörighet, samt nationen vi tillhör. Vi känner igen oss och kan ta till oss minnen som inte är våra, eftersom folket – människorna – är som oss. Något vår krönikör upplevde och här berättar om.**

Lokalen i den Sydskånska byn var fullsatt denna råkalla höstkväll, det skulle bli en stund för reflektion över flydda tider – blommiga sommartider. Hela lokalen i det gamla Folkets hus var fylld med förväntansfulla skåningar. Det lokala byalaget hade annonserat ut att man arbetat med att sammanställa material från 50 – 60-talet och ända fram till år 1970 (1970 som var det sista år för blomsterfestivalen) och nu var det dags att till ortsbefolkningen dela med sig av minnena som flytt.

Hembygden då och hembygden nu; bygdens åldrande befolkning satt en god stund innan utsatt tid tillsammans småpratandes och inväntade bild och film. Att för en stund titta tillbaka på hur det var när man var ung slog så väl ut att arrangörerna såg sig nödgade att ordna ytterligare en träff så att alla som ville skulle få chans att njuta av hur det var då.

Man mindes, och man hjälptes åt att sätta namn på de unga och gamla som fanns på de insamlade bilderna från tider som flytt, det var en gemytlig stämning. – Någon som vet vem detta är? Det är ju Elsie, och sidan om henne står Kurt … ni vet, brottaren. På nästa bild syntes skräddarens dotter Majvi och den lille pågen är Tomas Nilsson. Så höll kvällen på, man kände varandra och kände igen både unga och gamla.

På den tiden, på 1950- och 60-talet som faktiskt inte alls är så längesedan (hoppsan, faktiskt 50 år sedan) var vi svenskar nyfikna på andra världsdelar, länder och företeelser. Det var så mycket som var så långt bort, faktiskt det mesta. I de snickrade blomsterekipagen syntes elefanter, kameler, araber, negrer, zigenare, kannibaler, hulahulaflickor, holländare med mera. Ortsbor gestaltade främmande folkslag med välsydda kostymer och med hud brunfärgat med kastanjevatten, det syntes gott att alla gick in i förberedelse och utförande med Blomsterfesten med glädje och allvar. Det tisslades lite om att "så skulle man aldrig kunnat göra nu", man skulle aldrig kunnat skratta åt romers framsträckta hand och knappast ej heller skratta åt kannibaler. Tiderna förändras, det kändes enklare då.

**Varför var jag där, jag en malmöit som haft** helt andra människor runt om mig då när det begavs sig på 60-talet, bygdens folk i byn och bland bondgårdar, kontra mig från staden? Jag ville liksom se hur det var då, där jag bor nu. Jag slogs av att det var så många som kände varandra, och det kändes så himla rätt. Små samhällen är något helt annat än storstadens relativa anonymitet. Man känner eller känner till skräddarens dotter, lantbrukarens söner, mejeristens familj, skolfrökens fästman, flickan på hästen, vems påg som hade pyjamas och var utklädd till John Blund på Blomsterfesten, och många, många fler.

Vi blir fler och fler som gör slag i saken och flyttar ut ur storstäderna, när de negativa förändringarna blir för stora och då vi inte längre känner igen oss ger vi oss av. Att slå ner sina bopålar någon annanstans i mindre kommuner förpliktigar, vi blir utbölingar och självklart måste vi gå varsamt fram. Visa ödmjukhet, men fasthet, gör gott. Lär känna folk och visa äkta nyfikenhet på sammankomster, festivaler och traditioner som firas där du nu bor.

Där jag satt i dunklet på folketshusstolen vandrade mina tankar dels till de rötter jag faktiskt har i denna min nya hemkommun och då genom det ursprung jag har från min pappas sida. Sen satt jag och tänkte på föreningen Det fria Sverige. Det är såhär det ska vara och det kommer att kunna bli så igen. Genom svenskars engagemang för sin bygd och för sitt land återskapar vi ställen och områden där vi känner och känner igen varandra. Det måste bli så.

*MAGNUS SÖDERMAN*
*12 november 2019*

# Politikerna verkar ha tröttnat på sin egen skapelse

**När en illa skött fritös tände eld på Dawa-moskén i Eskilstuna 2015 var Löfven och Johansson snabba på att fördöma "dådet" (de visste inte då att det var en fritös utan antog att det var en attack mot muslimer). Åren har gått men dum och dummare går på i samma hjulspår.**

Att en 15-årig pojke skjutits ihjäl i Malmö har nog inte undgått någon. Mordet är fokus för de flesta just nu. Pojken var ännu ett offer för det Malmö som politikerna skapat och majoriteten av Malmöborna röstat för.

Eftertankens kranka blekhet har börjat komma ikapp många svenskar som applåderat massinvandring, mångkultur och generell svenskfientlighet; till den milda grad att Staffanstorp nu lockar med helvit propagandafilm.

Avrättningen av 15-åringen (vi får nog sluta oss till att han var målet) kommer inte som någon överraskning. Ett kaosartat gängkrig rasar i Sydsverige och det går knappt en dag utan att det exploderat eller skjutits. Länge var regeringen tyst och folk frågade efter statsministern. Kanske ville han säga något, men antagligen rådde partiet honom att hålla tyst och låta Johansson eller Damberg att klä skott.

Det blir nämligen bara fel när Löfven stammar fram sina floskler. Till sist kunde han inte vara tyst längre och som så många tillhörande hans generation tog han till Facebook för att ge sin syn på saken:

– Vi vet till stora delar vad det handlar om: Tillgång till vapen och sprängmedel. Pojkar och unga män som inte ser en framtid och som väljer en katastrofal väg i livet. Knarkhandel och svarta pengar som göder gängen ekonomiskt. Vi måste angripa både vapentillgången, de kriminella och den svarta ekonomin för att bryta utvecklingen.

Det kommer från mannen som suttit vid makten i en och en halv mandatperiod just nu. I och för sig, Socialdemokraterna lyckas ju protestera mot sin egen politik varenda Första maj, så det är väl inget att höja på ögonbrynen för.

Värre blir det när Löfven uttalar sig och måste formulera ord som ska bilda meningar. Till SR uttalade han följande:

– Jag kan bara notera det. Jag har fullt upp med att se till att människor ska känna trygghet, fullt upp med att se till att vi har kontakt med polisen, att vi vet vad polisen behöver för resurser, vad vi ska göra i regeringskansliet. Det är det som upptar min arbetsdag.

Det var hans svar på att SD väcker misstroende mot Morgan "lille Mogge" Johansson.

Giv statsministern rep och han hänger sig själv.

Antagligen är han fullt medveten omatt den trovärdighet han må ha haft nu rinner som sand mellan fingrarna på honom. Hur ska vi annars förklara hans tystnad? Regeringen är uppenbart kraftlös – kanske till och med viljelös. När fritösen tuttade eld på moskén försökte han i vart fall tjäna politiska poäng, men när Malmö "brinner" så orkar han knappt masa sig till telefonen.

**Faktum är att politikerna verkar ha tröttnat** på sin egen vanskapelse. Det är inte kul längre verkar de unisont känna. Vi vet alla hur det känns när det där projektet vi drog igång efter ett tag inte var så roligt som vi trodde. Och så står vi där och tittar på ett halvfärdigt lusthus eller ett rum med nedrivna tapeter. Sedan vänder vi oss om och gör något annat.

Lite samma känsla utstrålar de styrande. Allt är halvhjärtat och oengagerat. Löfven låser in sig på Rosenbad och skyller på att han har fullt upp med att skapa trygghet. Kristersson skäller från sidlinjen lite grand: "Hade jag styrt hade jag lagt allt annat åt sidan och löst det här" medan Åkesson lite trött lämnar in ett misstroende mot en moloken Mogge.

Poliserna är inte mycket bättre de. Vi ser ingen Elliot Ness som kliver fram och sätter ned foten.

De enda som verkar ha energi i övermått är de kriminella i Malmö (och annorstädes). Den liberala demokratin verkar inte ha förmågan att brotta ned det Frankensteins monster de har skapat. "Tanken var ju så god", får jag för mig att de funderar. "Sverige skulle bli spännande med mångkultur och hundratusentals människor skulle prisa oss för vår godhet mot dem då vi öppnade gränserna." Men allt gick åt skogen och det är inte roligt längre.

Många svenskar har investerat sina liv i att omfamna idén om det öppna, liberala och generösa Sverige. De har varit beredda att offra sina landsmän på vägen. De var idealister på andras bekostnad och fortfarande idag är den 15-åriga pojken som var känd av polisen mer intressant och mer värd än kvinnan som fick skallen sönderslagen av en utlänning hemmahörande i Rosengård dagen innan.

**Ansvarslösheten kommer att fortsätta**, det kan vi vara på det klara med. Alla de som investerat i det "nya Sverige" kommer hellre förklara bort eller låtsas som inget (eller fortsätta skylla ifrån sig) hellre än att erkänna att de hade fel. Men ha förtröstan, det är uppenbart att det tär på dem.

Förresten, det är inte bara de kriminella som sprudlar av energi. Också vår nationella opposition gör det och jag ser hur Det fria Sverige (det gamla trötta AB Sveriges raka motsats) får nya medlemmar varje dag … svenskar som bestämt sig för att ta ansvar här och nu och skapa en bättre framtid. Förr eller senare kommer Sverige vara svenskt igen och vi kommer ta tillbaka vårt land ett litet stycke i taget.

*DANIEL FRÄNDELÖV*
*12 november 2019*

# Är Malmö tryggare än någonsin?

"Det är tryggare än någonsin" i Malmö, basunerar Andreas Magnusson ut i Tidningen Paragraf. Det bygger han helt på en färsk trygghetsundersökning från Polisregion Syd.

För den som följt utvecklingen i Malmö någorlunda låter detta rätt så osannolikt. Det är svårt att sätta fingret exakt på vad som är fel i undersökningen, men det finns en hel del märkligheter i val av ord och intervaller för att kunna påstå att nej, Malmö är inte tryggare än någonsin.

28 sprängningar i Malmö i år, och kanske några till under tiden denna text skrivs. Det pågår en hel del obehagligt i Sveriges största tredje stad men det är sprängningarna som fått störst fokus på sistone. De tränger ut mindre klickvänliga brott som rånmord, våldtäkter och rån.

**När hela Sveriges ögon verkar varar riktade** mot Malmö är det uppseendeväckande att Andreas Magnusson påstår att "Malmö är tryggare än någonsin" i en krönika publicerad i Tidningen Paragraf. Han bygger hela sin tes på Polisregion Syds senaste trygghetsundersökning där man stolt förklarar att hela 82 procent av befolkningen säger att de inte utsatts för brott de senaste 12 månaderna. Högsta siffran som någonsin uppmätts!

Magnusson har alltså rätt? Nej, givetvis inte. Vi kan väl börja med att peka ut något självklart. "Region Syd" är inte samma sak som "Malmö stad". Polisregion syd omfattar Blekinge, Kalmar, Kronoberg och Skåne län. Man kan därför anta att en majoritet av de som besvarat enkäten inte bor i Malmö, eller ens i närheten. Polisen håller på att sammanställa undersökningen och dela upp den efter län så om några veckor vet vi mer. Kanske är Skåne län tryggare än någonsin? Det kan vi hur som helst inte avgöra än.

Tryggare än just någonsin går inte heller att säga. Om inte "någonsin" började 1996, för det är då första mätningen skedde.

Vad undersökningen faktiskt visar är dock underligt nog, utan att man behöver skruva till det så som Magnusson gör. Region syd uppvisar lägst antal personer utsatta för brott, och högst trygghet, sedan 1996. "Bara" 14 procent säger sig ha blivit utsatta våld, stöld eller skadegörelse. Med tanke på samhällets utveckling borde det vara högre siffror än så, särskilt som detta inte är statistik över anmälda brott utan en separat enkät.

71 000 hushåll blev tillfrågade och runt 60 procent har svarat. Det låter som en hög siffra men eftersom vi inte vet vilka det är som valt att svara är det risk att urvalet har blivit snett. En undersökning på 500 personer där man noggrant väljer ut vilka som ska svara, och väger upp för de som inte gör det, ger bättre underlag än att låta slumpen avgöra, som region Syd verkar ha gjort.

Men någon slags förklaring måste det ändå finnas till de motsägelsefulla siffrorna. Fram tills polisen har redogjort bättre för resultaten kan vi bara spekulera.

**Vi kan antingen göra som** Magnusson, och även Lars Wilderäng, dra slutsatsen att det som framkommer i undersökningen stämmer och att folk är, mer eller mindre, dumma i huvudet. Egentligen är region Syd, och Malmö, och egentligen hela Sverige, tryggare än någonsin. Det är domedagsprofeter som undertecknad tillsammans med gammelmedias klicksökeri som skrämmer upp den vanliga lättledda människan. Detta anses bevisat bland annat genom att människor upplevelse av otrygghet är högre än den faktiska brottsligheten.

Sådana som jag vill nämligen att det ska vara otryggt och osäkert, enligt Magnusson: "De VILL att det ska vara kaos. För det har blivit deras identitet att gnälla på den svenska invandringspolitiken och att det är för mesiga tag mot brottslighet i landet och att allt är katastrof.

De är som den jobbigaste släktingen på släktkalaset, som den gnälligaste föräldern på föräldramötet, som den bittraste människan som hör glassbilsmelodin, som den gnälligaste gubbe som mött en skrattande dagisgrupp, som en utsvulten människa som bjuds på hummersoppa och klagar över flugan som ännu inte landat i den."

Nej. Jag vill att Sverige ska vara tryggt och säkert och att inga kvinnor blir ihjälslagna med plankor av utlänningar. Jag vill att människor i Malmö inte ska känna sig tvingade att gå i mitten av gatan för att undvika bomber. Jag vill att bilbränder ska vara lika okänt fenomen som det var när jag växte upp.

Men jag vill även att vi talar sanning. Att vi kan lita på det som sägs. Att saker och ting inte mörkas, kammas och förfinas för att få folk att uppleva falsk trygghet.

För det Wideräng och Magnusson faktiskt gör är att utsätta människor för fara.

**Även om det faktiskt är sant som det sägs**, att några procent färre personer i hela region Syd säger sig ha blivit utsatta för brott så innebär det inte på något sätt att det är tryggt att vistas på Malmös gator på kvällen, eller på dagen heller för den delen. Alla svenskar måste bli mer försiktiga, och kanske särskilt de som fortfarande bor kvar i Malmö. Det är ögon i nacken som gäller, ögon som Magnusson vill att vi ska stänga.

Så om vi då inte vill tro på dessa sagor, och tro att svensken plötsligt och egentligen utan direkt anledning blivit rädd och orolig av sig, vad gör vi då? Jo, om kartan inte stämmer med verkligheten följer vi inte kartan. Vi pekar ut felaktigheterna och slänger den. Och litar inte mer på kartmakaren, han är bevisligen okunnig eller lögnaktig eller både och.

Det är bättre att lyssna på de som bor i Malmö. Och de är oroliga. Dock ska vi ge Magnusson rätt i att media gärna förstorar upp vissa uppmärksammade våldsdåd. Men ärligt talat, är inte en bomb i Sverige något som är värt att uppmärksamma. Personligen tycker jag att de grova våldsdåden får för lite uppmärksamhet.

Alldeles för lite. Det som borde ha varit förstasidesrubriker i veckor är i värsta fall bara en notis. Allt drunknar i nya våldsdåd. I det trygga Sverige. I historiskt trygga region Syd.

Något stämmer inte. Förhoppningsvis blir det tydligare vad när polisen släpper mer detaljerade siffror. Men vi behöver inte några undersökningar för att veta hur illa ställt det är med landet. Men vi ska komma ihåg vilka som försökte förminska våldet och lura oss att det är tryggt.

*JALLE HORN*
*13 november 2019*

# Gammal sossepamp till försvar för Jöken

**Sossepampen Jan Nygren försvarar JÖKen efter kritik från socialdemokratins vänsterkant. Han anklagar kritikerna för att komma med "svepande formuleringar". Men hur är det egentligen med hans egna formuleringar? Och innebär hans sätt att argumentera ett hot mot demokratin?**

Januariöverenskommelsen ingicks mellan regeringspartierna S och MP samt C och L i januari. Det var uppföljaren till Decemberöverenskommelsen 2014-2018. Och precis som i filmens värld var uppföljaren snäppet sämre, och då ska man komma ihåg att den första "filmen" var en katastrof. Överenskommelsernas mål var som bekant att hålla SD utanför allt inflytande.

**Givetvis är JÖKen helt förkastlig**, ovärdig ett demokratiskt land. Men den för ändå med sig en del intressanta saker eftersom den har varit problematisk för deltagarna och den för svensk politik i en sundare riktning. V tvingas låtsas vara i opposition fastän de förstås helt stöder regeringen och C och L-kraven, vilket gör partiet än mer schizofrent. C och L låtsas också vara i opposition med samma resultat, fast de tvingas stödja MP-tokerier. De påstår att de med sina 73 punkter får regeringen att föra en "liberal" politik men riskerar att urgröpa det egna förtroendet. Alla fem partier står faktiskt med minskad tillit, både gentemot varandra och från väljarna. Slutligen bröts alliansen varmed M och KD blivit lite befriade från vänsterliberala bromsklossarna C och L – "lite" eftersom partierna ändå är rätt fast i det vänsterliberala träsket – varmed de och SD kan närma sig varandra.

JÖKen har kritiserats från och till allt sedan den ingicks i januari. Av ovannämnda skäl, men också av ideologiska skäl inom partierna. Ett gäng f.d. socialdemokratiska socialdemokrater (lurar de i skuggorna nuförtiden eller vad?) har nu senast klagat på att JÖKen riskerar att leda till katastrofala siffror för S i nästa val. Framför allt är de oroliga för LO-problematiken eftersom majoriteten av LO:s medlemmar inte har förtroende för sossarna längre utan hellre röstar på SD eller kanske V. De menar att JÖKen leder till större klassklyftor och ojämlikhet p.g.a. samarbetet med C och L, därav väljarflykten i opinionsundersökningarna.

En annan gammal sossepamp, Jan Nygren, försvarar dock både och den förda politiken JÖKen i en debattartikel i SvD den 11 november. När det gäller politiken tar han upp fallen värnskatten, LAS och hyresfrågan. Han menar att alla de frågorna har spelat ut sin roll i politiken, även socialdemokraternas. De är inget värn mot klassklyftor och måste revideras, och då är samarbetet med C och L inget dåligt. Varför han anser JÖKen som något gott.

**Men här kommer den springande punkten**, nämligen de argument han anger, bredvid de sakpolitiska argumenten, samt den retorik han därvid använder. JÖK-kritikerna inom S menar att partiet har vikit sig för kraven från L och C. Men Nygren kallar det för svepande, onyanserad, slagordsmässig kritik. Och visst är det sant att JÖK-kritikerna gör så: "Sverigedemokraterna ... skrupelfri exploatering", "klassiska rättvisefrågor", "nyliberala angrepp" är ord som ständigt återkommer.

Men Nygren är lika god kålsupare. "Vad då vika ner sig? De fyra partier som ingått överenskommelsen har faktiskt insett att det som händer i USA, i Ungern, i Polen och i Sverige (nu senast i Sölvesborg) inte är fiktion eller en dålig dokusåpa utan att det faktiskt händer." Så uttrycker sig karlen.

Nygren använder sig av formelspråk: USA, Ungern, Polen, Sölvesborg o.s.v. Vad är det för svepande formuleringar, vad är det för skrämsel- och slagordsretorik? Han vill förstås göra sken av att länder/kommuner under konservativt styre har förlorat i demokrati och skapar orättvisor.

Han säger nämligen strax efteråt att JÖKen "innebär en god möjlighet att möta hoten mot grundläggande demokratiska värderingar". Ergo: den politiska utvecklingen i USA, Polen, Ungern och Sölvesborg är i Nygrens föreställningsvärld ett hot mot demokratin.

Inte nog med att det är idel lögner, Nygren använder argumenten om Ungern, demokratihot m.m. enbart som neonskyltar, något som bara snabbt fångar uppmärksamhet och ska väcka en association. Givetvis säger han inte ett ord om varför Polens eller Sölvesborgs regimer skulle leda till demokratisk brist och orättvisor. På fegaste maner ser han det som något givet. Fastän det som sagt är falskt.

Ty varken Polens, Ungerns eller USAs regimer, eller för den delen SD i Sölvesborg, har uttryckt några som helst antydningar om att inskränka demokratin och har heller inte gjort någon ansats till det. De försöker åtgärda sådant som innebär hot eller underminering av landets (kommunens i Sölvesborgs fall) säkerhet och välstånd samt försöker inom den parlamentariska demokratins former utveckla sina länder/kommuner i en förnuftig och rättvis riktning. Men det finns inget som liknar det som skedde på 20- och 30-talet i Europa eller efterkrigstidens kommunistiska diktaturer runt om i världen.

**Det största hotet mot demokratin** i vår tid är den sortens svepande formuleringar som Jan Nygren gladeligen använder sig av. De undergräver sanningen, de bygger på fanatisk slagordsretorik, de underminerar föreställningar om moraliska idéer (t.ex. rättvisa), de skapar och upprätthåller falska föreställningar – allt i namnet att bara en syn på ett bra samhälle får gälla.

Nej, Nygren kan behålla sina svepande formuleringar för sig själv. Själv håller jag med de andra sossarna i det här fallet. Släng JÖKen i papperskorgen.

*EVA-MARIE OLSSON*
*13 november 2019*

# Är Malmö tryggare än någonsin?

**Malmö Malmö, min stad, Malmö. Den stad där jag föddes, växte upp och verkade i. Malmö min stad där jag bildade familj och såg mina barn växa upp. Malmö är min stad, och din. Men Malmö är tyvärr endast en av många platser i vårt land som dagligdags blir utsatt för övergrepp, grova övergrepp.**

Ni ungdomar som läser detta ska veta att det fanns ett annat land, det fanns ett annat Sverige. Vi kan skapa det igen. Vi ska absolut inte stillatigande åse att stadens hus bombas och att dödande kulor viner. Det har gått alldeles för långt, för att vi låter det ske. Låt oss alla bli "besvärliga", ifrågasätt och ställ frågor.

**I skrivandes stund tänker Sverigedemokraterna** i Riksdagen lämna in att rösta för ett misstroende om justitieminister Morgan Johansson (S), och sedan då? Och om mot förmodan Morgan tvingas avgå, vad händer sedan? En kvalificerad gissning, ingenting kommer att förändras. Samma kriminella personer, släkter och klaner kommer att fortsätta med sitt. Samma sorts politiker kommer att "axla" manteln om rikets säkerhet. Vi har varit med om det så många gånger förr, svenska politiker visar tydligt på att de är onda, de vill vårt folk ont.

Om vi är ärliga med vad vi säger när vi till varandra förfasar oss över den otrygga vändning från ett lugnt land till ett vi inte längre känner igen oss i, om vi menar vad vi säger då agerar vi. Vi ställer krav, men till vem eller vilka, det är där det blir svårt då vi inte har några som kan ställas till svars för vad de skapat. Eller har vi det? Vart fjärde år? Vart fjärde år är inte gott nog, det räcker inte.

**Man vill inte låta sig trubbas av**, men onekligen höjs ribban för vad man mäktar att bry sig om. Vi som flyttat från staden går med klump i magen ifall våra barn fortfarande bor kvar där vi själv inte längre orkar vara, "det finns ju så mycket att göra i Malmö, biografer, konserter, pubar och restauranger", kan man få höra av de som stannar kvar. Minns en gång så envis även jag själv var då jag stod på mig och framhärdade att jag cyklar genom stadsdel Seved (lilla Mogadishu), fast sonen inte ville att jag skulle för att det var osäkert och farligt.

Sen har vi det med polisen, de ställs inför ett allt mer svårt uppdrag. Fler poliser och ännu fler poliser ska hjälpa i vår "situation" av "utmaningar" som vi befinner oss mitt inne i, medicinen heter "förebyggande arbete". Men ärligt talat, vem lurar vem, polisen kan inte göra ett S K I T. Polismakten skriver då och då på sin hemsida om sådant de tror att vi "vanliga" vill läsa. 11/11-19 "…Vi arbetar hårt för att förebygga nya våldsbrott eftersom vi aldrig kommer att acceptera att unga människor skjuter varandra till döds och riskerar att utsätta andra människor för allvarlig risk att bli skadade. Polisen arbetar långsiktigt och uthålligt, och har under lång tid haft stort fokus på kriminaliteten i Malmö…"

**Det svenska folket har gång efter gång** efter toppar i städernas importerade våldsamheter sett samma reaktioner, vi ska sitta bänkade framför tv och radio för att än en gång lyssna på politiker och polisers uttalanden. Det är nu som man inte accepterar längre, det är nu som det sätts in åtgärder som ska få sakernas tillstånd att förändras, det är nu vi inte ska bli rasister utan se framåt till en stad/städer/land där vi alla mår bra och kan vara trygga. Den tiden är förbi.

Media ligger i och intervjuar "folk på stan", invandrarkillen förstår inte vad som händer, han har nära vänner som råkat riktigt illa ut, men förstår ingenting, vad är det som händer. Sydsvenskan enligt sin vidriga agenda skriver såhär om den ihjälskjutne 15-åringen, kanske för att lindra vanliga fredliga malmöbors oro för att staden blivit som den är, sydsvenskan skriver: "Han sköts, fördes med ambulans till sjukhuset och dog. Det finns inga planer kvar för gymnasiet, inga drömmar om framtiden. För honom blev det ingen magisk nattklubbskänsla på dansgolvet. Och inget mer godis i tv – soffan med familjen", men, "glömmer" att skriva att pojken var en narkotikalangare och hette Jaffar.

Och så fortsätter det, jag drar mig till minnes för några år sedan när malmöbor förfasade sig över de dödsskjutningar som då skett på våra malmögator, vid numera standardljusmanifestationen på Gustav Adolfs torg fick vi av kvinna med fotsida klädedräkt på dålig svenska höra via SVT Sydnytt, "Vafforrr ärr det barra vårrra barrn som döddas?".

**Man kan ha åsikter om att följdfrågor** skulle vara på sin plats, förslagsvis: Varför är det era barn som skjuter ihjäl varandra, har det med er kultur att göra, narkotikaaffärer, hur ni förhåller er till varandra, kanske att ni och era barn har svårt med självbehärskningen? Men SVT är som bekant inte intresserade av sådana följdfrågor när det gäller muslimer och importerad kriminalitet, SVT är medskyldiga som den lögnmedia och aktivistorgan de bevisligen är.

Samtidigt som etablissemangsmedia är megafon för makten har de "knappar" för att mer eller mindre besitta makt att avsätta politiker, så ifall media vill så dras det i trådarna för att Morgan Johansson (S) ska falla. Men att det ska bli bättre i Malmö av det eventuella fallet finns det säkert inte många som tro på. Det behövs annat:

INTERNERA – DEPORTERA – REPATRIERA

*MAGNUS SÖDERMAN*
*13 november 2019*

# Kommer Rusta se till så att ickemuslimer kan uppskatta Eid?

**Ju fler utlänningar (framförallt muslimer) som kommer till Sverige, desto mer kommer principlösa företag att anpassa sig till den nya köpstarka gruppen. Köpstark eftersom de, till skillnad från sekulära svenskar, är mer intoleranta i sin konsumtion. Om inte svensken svarar med samma mynt så blir vi överkörda.**

Rusta tar bort korsen från kyrkorna i sina dekorationsbyar eftersom de vill att "alla kunder" ska kunna njuta av dem – med alla menar man folk i Sverige som inte kan med att ha ett litet kors på kyrkan i dekorationsbyn hemma. Kanske tror Rusta att muslimer, judar eller andra grupper – som inte firar jul – nu kommer armbåga sig fram för att köpa kyrkobyggnader med bortplockade kors.

Eller tänkte de inte på att dekorationsbyar med kyrkor i juletid bara är intressanta för dem som firar jul och har en kristen (kulturkristen) tradition bakom sig?

Hur de tänkte vet vi inte, men Rustas kundtjänst bekräftar till journalisten och författaren Nuri Kino att korsen plockats bort för att anpassa produkten till "flera kunder".

**Detta är förvisso ett slag i luften eftersom** vare sig muslimer eller judar kommer köpa de korslösa kyrkorna. Eller okej, kanske någon IS-återvändare kommer göra det för att minnas gamla tider då de massmördade kristna och sedan slog sönder korsen på deras kyrkor. Den konsumentgruppen borde dock inte vara stor nog för att motivera beslutet.

Vad Rusta gör är att visa prov på integration – de visar vad integration handlar om. Vi svenskar ska anpassa oss till främmande kulturer och religioner; vill de ha halalkyckling så får de det. Vill de ha böneutrop, javisst. Vill man klippa förhuden av småpojkar? Självklart. Friskolor på det; separerade badtider också. Och skaka hand behöver de inte heller för den delen. Huvudduk i passet, självklart.

Rusta försöker i efterhand, då de märkte att folk blev upprörda över deras tilltag, förklara bort det hela. I ett inlägg på Facebook skriver de att kyrkan de säljer aldrig haft något kors (man har inte plockat bort det) men att man valt denna "då kyrkor i vår del av världen kan se väldigt olika ut. Vissa kyrkor har ett torn, andra flera eller inget torn alls. Vissa har kors på tornet, andra en tupp eller inget alls." Tyvärr Rusta, det duger inte. Sarah på Rustas kundservice var tydlig i sitt svar till Kino att det handlade om att "anpassa för flera kunder".

**Sakta men säkert monteras svenskens** kultur och traditioner ner, ivrigt understödda av företag utan principer. Så länge inte svensken ser till att noga överväga vilka företag de spenderar sina pengar hos så kommer de att anpassa sig till grupper som gör det. Om du köper halalkyckling så kommer kommer det vara det som gäller. Om Rusta kommer undan så gör de. Och nästa gång är det något annat som får stryka på foten.

Eller är det kanske så att Rusta kommer se till så att alla vi ickemuslimer kan fira Eid och Ramadan; eller kanske Jom kippur, fast utan något muslimskt respektive judiskt inslag framöver. Upp till bevis i så fall.

För övrigt anser jag att Rusta bör drivas i konkurs.

*JALLE HORN*
*14 november 2019*

# Dags för utträde ur FN – en gång för alla

**FN-organet UNRWAs chef Pierre Krähenbühl har avgått efter uselt arbete med korrupta förtecken. Hela organet har visat sig vara korrupt. Sverige har fortsatt betala. Flera andra FN-organ visar sig nu dras med liknande problem. Sverige ska fortsätta betala. Dessa dumheter kan inte fortgå. Sverige måste genast strypa bidragen till FN och på sikt dra sig ur organisationen.**

För drygt två månader sedan skrev vi här på Svegot om FN-toppen Pierre Krähenbühl, chef för UNRWA, och diverse skandaler kring just den delen av FN. Skandalöst var – och är – också den svenska hållningen till FN i allmänhet och UNRWA i synnerhet.

UNRWA är särskilt heligt för svenska politiker eftersom organet är riktat till palestinier. Sverige (framför allt partierna på vänsterkanten) har som bekant alltid gosat med palestinsk politik, vare sig det rört sig om rättvisekamp eller ren och skär terrorism. Därför ville inte regeringen, med biståndsminister Peter Eriksson i spetsen, dra tillbaka sitt ekonomiska stöd till UNRWA – det har legat på ca 250 miljoner kronor om året de senaste 25 åren – när skandalerna kom i dagen.

Peter Eriksson har stämt in i kritiken mot Krähenbühl men bedyrat sitt fortsatta stöd för UNRWA. Utredningarna mot FN-organet har dock klart visat att chefens lättsinnighet med älskarinnor och lyx bara är toppen på ett isberg. Hela organet är korrupt, nedbrutet av maktmissbruk och misskötsel, vilket skapat en kultur av diskriminering och nepotism inom organisationen. Det visar FNs egen rapport, som bl.a. SvD har rapporterat om i veckan.

För en vecka sedan avgick till slut Krähenbühl, med all säkerhet för att undgå att bli avskedad. Men trots alla missförhållanden i hela organisationen fortsätter de svenska utbetalningarna. Gillar regeringen maktmissbruk, trakasserier och repressaliekultur? Svaret måste vara ja eftersom den till varje pris fortsätter med bidragen. Många länder har fryst sina bidrag till UNRWA p.g.a. de uppenbara missförhållandena, men Sverige står fast.

**Nu visar det sig att flera FN-organ dras med samma problem** som UNRWA. Både interna och externa granskningar visar på samma problematik: maktmissbruk, sexuella trakasserier, nepotism, misskötsel o.d. Sverige har till dessa korrupta FN-organ betalat ca 18 miljarder kronor, skriver SvD i en artikel. Det står inte under hur lång tid, men det rör sig nog om högst de senaste tio åren.

Frågan måste därför upprepas: gillar regeringen, i synnerhet Peter Eriksson, sådan korrupt organisationskultur? Och svaret tycks fortfarande vara: ja – eftersom andra länder fryser sina bidrag medan Sverige envist fortsätter betala. Ett alternativ vore att en rad ministrar och tjänstemän är mutade eller räknar med fördelar så länge utbetalningarna fortsätter. Det vill säga att de är delaktiga i samma sorts korruptionskultur. Är det förklaringen? Eller är det att svenskarnas skattepengar till varje pris ska gå till andra än till det svenska folket? Det visas dagligen upp på hemmaplan.

Oavsett vilket torde några saker stå klart. FN är en misslyckad organisation med dåligt ledarskap och mycket korruption. Det slår rapporterna om missförhållandena fast. Därför måste de svenska FN-bidragen dras ned till ett minimum. Liksom förstås vurmen och engagemanget för FN. Och på sikt bör Sverige kanske överväga att gå ur FN.

*DANIEL FRÄNDELÖV*
*14 november 2019*

# Låt Magnus Betnér vara!

**Magnus "Sverige har aldrig varit tryggare" Betnér har dykt upp i TV-sofforna igen. Den rikskände komikern tog "pension" 2016 på grund av allt påstått hat från Sverigedemokrater men har nu hämtat sig så pass att han orkar leverera platta politiska analyser och göra sitt bästa för att provocera SD-väljare. Men är han ett offer eller en förövare? Han verkar själv inte riktigt veta.**

Betnér jobbar hårt på att ge ett tufft intryck i sina shower. I början av sin karriär var han provocerande på ett någorlunda intressant sätt, men har de senaste åren sparkat på precis samma grupper som alla andra – män, kristna och framför allt Sverigedemokrater. En av hans käpphästar på och utanför scenen är även att förlöjliga oroade medborgare. Det är tryggare än någonsin, hävdar han, och de som tycker annorlunda är fega, rädda, nazister, eller alla på en gång.

När han väl lyckats reta upp tillräckligt många Sverigdemokrater och andra nationella blev det för mycket. "Näthatet" gjorde att han gick in i väggen. Enligt honom själv berodde det på att han försökte diskutera med dem på Twitter, men till slut tog det knäcken på honom.

**Nu har han dykt upp igen med en standup-show**, och när han sitter i TV4-soffan märker man att han inte lärt sig speciellt mycket. Han fördummar och förlöjligar främst Sverigedemokrater, och klagar på samma gång över den förutsägbara reaktionen från dem. Det är såklart synd om Betnér, enligt Betnér själv. För Sverigdemokraterna och deras följare är allmänt hemska, men även dumma och fega och korkade. Det är ingen hejd på hur dåliga de är, men enligt Betnér ska de bara svälja hans förolämpningar utan att ge någon kritik tillbaka. För då blir Betnér utbränd.

– Det blir jobbigt såklart, när folk blir sura på en. Och det där gänget är experter på att vara sura. Dom är så otroligt lättkränkta. Dom går igång för ingenting. Och när dom går igång så blir det ganska jobbigt. Dom funkar ju inte riktigt som andra politiskt intresserade människor. SD och deras anhängare är ju en sekt snarare än ett politiskt parti, så det blir ganska jobbigt när man får dom efter sig.

Hur SD skulle vara en sekt mer än MP eller F! frågar givetvis inte programledaren. Betnér har svårt att bestämma sig. Är det jobbigt att ha folk som är sura efter sig, eller vill han bråka?

– Men kom igen bara! Kom bara! Nån måste ju säga ifrån. När både media och dom andra partierna gullar med massa nassar. Det är ju inte okej. Det är ju bara 20-25 år sedan dom gick och heilade kring Karl XII i Kungsan. Nån måste ju säga ifrån.

Betnér fortsätter med att berätta att "dom" varit på en av hans shower, men det gjorde inget eftersom "dom är så jävla mesiga". Eftersom "dom" valde att inte förstöra hans show utan istället vänta till den var färdig med att uttrycka sitt missnöje är dom alltså "jävla mesiga".

Efter att ha kallat SD för en sekt, nationalsocialister och allmänt galna beklagar sig Betnér efter det hårda klimatet på internet. Självinsikten verkar ligga långt bort.

**Nu är det viktigt att vi gör det Magnus Betnér (låtsas) vilja.** Det vill säga låta honom vara. För det är "hatet" från vår sida som göder både honom och hans karriär. Om han inte får någon uppmärksamhet har han ingen anledning att gnälla, om han inte som så många andra helt enkelt hittar på lite "näthat".

Så låt Magnus Betnér vara, så kanske vi slipper honom i framtiden.

*EVA-MARIE OLSSON*
*15 november 2019*

# Väskryckning är som att "palla äpplen" sa polisen

**När polisen "i förtroende" konstaterar att de "nya svenskarna" ser på sin brottslighet som vore det att palla äpplen, så borde ingen tveka om hur skevt det är. Därtill måste man inse att skulden också måste läggas på dem som vet, men som inget gör.**

Svenska riksdagsledamöter hade precis börjat debattera om hur de såg på den skenande kriminaliteten i Sverige, fanns den, eller fanns den inte, och där jag satt jag hemma och tvivlande på ifall dom fattat något. Med blicken riktad mot dumburken som denna förmiddag tog oss rakt in i plenisalen, och där gick allt sin gilla gång. Inga omvälvande omskakande uttalanden kunde skönjas, allt var som det brukade. Från min position i rummet kunde jag ifall jag något höjde blicken och en aning vred på huvudet även se ut över vägkorsningen i vår lilla villastadsdel i Malmö.

**Det var fredag och sista dagen på veckan** innan skolans sportlov, det var kallt med en bitande svag vind som fick de få flanörerna utanför mitt fönster att både ha mössa och vantar. Det var lugnt och lite helgkänsla. Iklädd en röd täckkappa, mössa, vantar och med en svart tygkasse i handen kom en äldre svensk kvinna promenerande, inget konstigt med det.

Finn fem fel ungefär, det var något som inte stämde. Bakom den äldre kvinnan smög det upp alldeles för nära henne en grupp med mörkklädda 14-åringar med utländskt utseende. Detta stämmer inte, tänkte jag, den äldre kvinnan var inte mormor eller farmor till någon av dessa pojkar det kunde jag klart som korvspad se.

Nu satt jag så belägen att jag var tvungen att snabbt förflytta mig till nästa rum för att följa vad som hände, för något var på väg att hända det förstod jag då tanten sneddade over gatan i korsningen och den ene grabben smög efter. I nästa rum såg jag det ske, hon min landsman var på väg att bli väskryckt. Hon skrek, jag bankade på fönstret så att glasrutan bågnade, jag skrek. Pojken, jag kan fortfarande se hans ansikte framför mig, han log med hela ansiktet när han grabbade tag i kvinnans svarta kasse.

**För att göra en lång historia lite kortare** så sprang jag ut och tog hand om kvinnan och tog henne med in till oss. Tjuvarna sprang nedåt gatan, min man satte igång kaffe och ringde polis medan jag tog på mig min jacka och cyklade snabbt för att leta reda på tjuvarna. Jag hittade inte dom, men några dagar senare berättade Elsa Johansson, som den äldre damen hette, att hon sett dom vid skolan på Söderkulla och att hon ringt polis men att inget mer hände i detta. Det var så sorgligt.

De två poliserna hemma hos oss förhörde mig och Elsa i var sitt rum, och jag kunde inte låta bli att föra på tal om det mest sjuka i detta som hänt, pojken som smög upp bakom Elsa var så glad, hela hans ansikte sken som en sol, han var tillfreds. Det kunde jag inte förstå. Jag fick av polismannen förklarat för mig att för dessa ungdomar var det som att "palla äpple", inget konstig och inget som den sortens folk tyckte var en stor grej. Det var ju endast en svensk tant.

**Att som gäst i Sverige skada värdfolket** är som att "palla äpplen", det var polisens information till mig den fredagen dagen innan februarilovet 2012 (eller var det 2013?). Av händelser som denna lär man sig att det finns ingen som helst tacksamhet från många av de som kommit till vårt land, och varför skulle det göra det. Varför skulle vi tro att tacksamhet råder hos de som flyttat in, då det under många år i partipolitiken och bland tjänstemän inom invandringsindustrin rått en förnekelse om svenskhet och om att vi svenskar överhuvudtaget finns. Man kommer hit och får och tar det man har "rätt till".

"Den dumme svensken" tar vi ifrån allt, om svensken inte räcker fram och ger, då klär vi av honom in på bara skinnet, spottar, våldtar, pissar på eller rycker kassen med Elsa Johanssons gymnastikkläder i. Elsa fick åka polisbil hem, hon kunde inte gå på sin pensionärsgymnastik den där fredagen. Detta är en av många erfarenheter jag har från vårt "mångkulturella" (MENA, min not.) land. Det måste inte vara så.

Vi är inte "den dumme svensken", vi kommer att göra än mer motstånd med tiden, är tiden mogen idag? Om inte så är tiden mogen imorgon! Elsa Johansson skrek och kämpade, jag skrek, sprang ut och hjälpte min frände, samt spurtade runt i stadsdelen ursinnig som en uppretad björnhona på cykel utan vantar!

*JALLE HORN*
*15 november 2019*

# Vokalernas vandring

**Med anledning av en i dagarna kommande Svegot-podd som ska handla om reflexioner rörande vårt kära modersmål, det skönaste av alla tungomål, tillägnas dagens poetiska ark en prosadikt av Verner von Heidenstam.**

Det är inte någon av Heidenstams mest kända alster, inte heller något av de bästa. Det är snarare en stundens lekfulla ingivelse. Det är inte heller en dikt i vanlig mening, med bestämd rytm, förtätad form och klangliga egenheter som rim o.d. Det är nämligen en s.k. prosadikt, det vill säga vanligt tal (eller skrift) fast med en konstfullhet som påminner om diktens. I det här fallet är det som en liten fantasifull saga.

Ändå har den här prosadikten sin bestämda svenska rytm och musikalitet samt sina bestämda svenska ljud. Faktum är att det svenska språkets rytm och klanger uppfattas bättre i prosans form än i vanliga dikter eftersom vanliga dikter styrs av versmåttets särskilda rytm och form. I prosatext däremot kommer svenskans speciella språkmelodi fram, med sin böljande, dansande rytm. Säg några meningar på engelska med överdriven svensk accent, så förstår du. I svenskan får både meningar och de enskilda orden sin speciella "dans", med stigningar och sänkningar. Ord som "flickor", "engelska" och "läsa" visar melodin för enskilda svenska ord.

En annan språklig finess i Heidenstams dikt är att just vokalerna lyfts fram. Det svenska språket har till skillnad från många andra språk mycket distinkta vokalljud. Visst, franskan har en mängd nyanser av vokalljudet e. Men svenskan har ett stort register av vokalljud, och de är alla väldigt särpräglade. I:et är mycket brett och ljust, a:et är mycket djupt och kraftfullt (det korta a:et däremot väldigt mjukt), y:et är väldigt tydligt och så vidare.

Svenskan har – här bortser vi från alla dialektala varianter – 21-22 vokalljud, beroende på om man skiljer på kort e och ä ("fett" och "mätt"), vilket vissa svenskar naturligt gör. Varje vokal kan uttalas med kort och lång variant. Sedan har ä och ö varsin extra uttalsvariant vid ord med r efter vokalen, t.ex. "höra", "hörsel", "bära", "smärta".

För dem alla gäller att man till fullo använder munnen och magen vid uttal. Munnen är ytterst bred vid i och e, säger man y och u måste läpparna spännas, munnen är kraftigt öppnad vid a och ä, den är distinkt o-formad vid o, å och ö. Och för att kunna få fram de långa, distinkta vokalljuden krävs att man med kraft trycker ut luft ur lungorna (bl.a. med hjälp av magmusklerna – det är kanske därför svenskarna har så vältrimmade magmuskler). Vidare är de långa vokalljuden mycket långa och de korta väldigt korta. Säg ord som "kaka", "biter", "ryta", "märing", "tusen", "ruggig", "tomma" välartikulerat, så märker du det.

När det gäller nationellt gods är Heidenstam känd för sina dikter om hembygden samt några romaner och noveller med historiska teman. Nedanstående prosadikt kan ses som en lekfull kärleksförklaring till det svenska språkets högst förtjusande vokaler. I dikten har den gamla stavningen behållits. Märk att ord som af och silfver uttalas som vanligt: av och silver. Det rör sig bara om gammal stavningsnorm, inte uttalsnorm.

**Vokalernas vandring**
A-ljudets stora klocka af ädelt ljudande silfver hängde en blå soldag på en gren i sagans skog. Då kom från sitt hus i staden vokalen E med varma pälssockor och halsduk och ett smalt och gråblekt ansikte. När E fick syn på den prisade klockan, grep han afundsjukt om dess rundel och kramade denna till en oval. Ur detta besynnerliga famntag föddes genast en bredmynt och korpulent varelse, som i de stolta vokalernas skara alltid såg ut som en borgmästare från Mjölköping. Denna bastard fick i dopet namnet Ä. Vokalen O med sin krans af Melpomenes cypresser, U med sin grå mantel och sin indiankrona af bergufvens fjädrar, I med sina blanka fjäll och sitt ormhufvud, Y med sin rutiga harlekinsrock och sina tokiga åsnesparkar, Å med sin yppiga italienska Venusgestalt och Ö med sin smånäpna kyrkängelsmun – alla gingo de jublande kring i naturens rike och lärde sin sång åt forsar och vindar och djur. Ensamt Ä kunde, trots allt sökande, bara finna en enda lärjunge, och det var fåret.

Sedan dess höra vi ingenstädes ä-ljudet så fylligt och rent som i våra beteshagar.

*JOHAN SVENSSON*
*16 november 2019*

# Välkommen till clownvärlden

**Välkommen till Clownvärlden! Där skäggiga män är barn, könsbyten sveper fram som en influensa, där det finns cirka 1488 kön och det är pride året runt! Ring polisen och få en nummerlapp. Ring sjukvården och få en gravsten. Känner du dig rädd? Är det en skrämmande värld? Lugn, Skorpan. Ta min hand så hoppar vi ner i värdeavgrunden tillsammans.**

Det är lätt att känna sig matt och uppgiven inför världen vi möter varje dag. Frågorna far runt i huvudet. Varför är det så här? Ser inte alla att allt är galet? Är det mig det är fel på? Varför känner jag så här?

Jag har också haft de tankarna. Att man är den enda personen i världen som tycker att allt är sjukt och konstigt. Som den där galningen som står och skriker på torget som alla går omvägar kring och låtsas som att han inte finns. Så ensam.

Jag blev nationalist när jag fick barn. Det gick inte att tänka sig en framtid där dottern skulle säga: "Pappa, vad fasen sysslade ni med på er tid? Ni hade det ju bra. Sedan slösade ni bort ert fädernearv. Nu är det jag som måste slåss på frontlinjen". Så sitter man orkeslös kvar där i gungstolen och mumlar något om att man ville passa in och vad skulle grannarna säga, samtidigt som dottern hivar upp MG 42:an på axeln och går mot skyttegravarna.

Nej, det gick inte. Gymnasielagen som specialdesignades för 9 000 hazarer var den sista droppen som gjorde att jag helt övergav mina tidigare liberala övertygelser, även om min politiska omdaning började många år tidigare. Liberalismen har över huvud taget inga svar på frågorna i den tid vi lever.

Det var en lättnad att träffa andra nationalister och inse att man inte var ensam; att det fanns många, många fler som tyckte att allt var galet. Men på det hela taget är vi fortfarande en minoritet och den här världen är inte vår. Man slår på radion, sätter på TV:n eller öppnar tidningen med känslan av att Dante regisserar alltihop: "I som här inträden, låten hoppet fara".

Men vill du veta en hemlighet? Det är en Gudomlig komedi.

**Det är stor humor att se vänstern kämpa** för att få sina narrativ att gå ihop. Vi måste välkomna medeltida män från skithålsländer in i vårt land men att våldtäkterna ökar är alla mäns fel. Alla kan bli vad de vill och alla är lika men att afrikaner inte arbetar och tuggar kat beror bara på strukturell diskriminering från svenskar. Visst har bilbränderna ökat något otroligt men det har alltid eldats bilar i Sverige. Sprängningarna befinner sig nu på en sådan nivå att det får internationell uppmärksamhet men det beror på att magasinsstorlekarna i svenska jaktvapen är för stora. Det är häftigt och bra att betala skatt och vi får så mycket tillbaka samtidigt som det offentliga Sverige retirerar och havererar på område efter område. Vi måste sluta köra bil i Sverige för att rädda jordens klimat och visst kommer Kina och Indiens ledare att ta intryck av detta. Det är en storstilad uppvisning i dubbeltänk; den Orwellianska förmågan att hålla två diametralt motstridiga tankar i huvudet och hålla båda för sanna samtidigt.

Vi skrattar oss förstås fördärvade åt vänstern och deras förljugenhet och dumheter. Givetvis måste vi bekämpa deras lögner men det är svårt att orka i längden. Om man vältrar sig i dåliga nyheter så blir man gradvis svartpillrad och vips sitter man snart där och boomerpostar oironiskt på Facebook om att SVENSKEN MÅSSTE V<AKNA!!"1

När vi konfronteras med denna lavin av dumheter och ondska varje dag måste vi ha en utväg. Det måste finnas en respit. Det måste finnas en tillflyktsort. Mina damer och herrar: jag ger er clownpillret.

**Det är en enorm befrielse att ta clownpillret.** Att skratta åt allt elände och vägra att ta fienden på allvar. Vi tillerkänner dem inte någon auktoritet och värdighet. Vi skrattar åt dem. Att ta clownpillret är att utropa sig fri och osårbar. Det är att få sinnesfrid. Vi ser allvaret i situationen men väljer bort det svarta pillret och dess nihilism. Istället väljer vi glädje och överlägsenhet; att se kaoset som ett stort äventyr och välja bort skräcken och förtvivlan. Att se deras ondska och lögner som något dråpligt att skratta åt. Det är ett sätt att omgruppera och samla kraft. Clownpillret är den medicin vi med rätt värderingar behöver i dessa yttersta tider.

Var inte förtvivlad och arg hela tiden. Våra fiender vill att du ska vara sådan. De vet att du kommer att bränna ut dig på det sättet. Vad de absolut inte kan hantera är att få hela sin noggrant ihopsnickrade världsbild parodierad. Kalla oss inte nakna! Se på våra fina kläder! Sluta skratta! Eftersom vänstern inte har något sinne för humor kan de inte värja sig mot att bli förlöjligade. Hela deras grepp om makten bygger på att få folk att spela med i deras absurda spel och ställa upp på deras sinnessjuka idéer. Det ska vi inte göra. Vi ska underkänna deras världsbild och skratta åt dem.

De har prideflaggor, rosa hår, generande kroppsbehåring och elsparkcyklar. Vi har tutor, bjärta peruker, knallröda näsor och rullar fram på enhjulingar. De har inte en chans. Omfamna glädjen, dra styrka ur skrattet och vägra nederlag. Tillsammans tar vi och kastar en projektil av rent rått förlöjligande rakt genom deras glashus.

När det faller samman i sex miljoner skärvor tar vi av oss lösnäsorna, torkar av oss teatersminket och slänger perukerna på marken. En klar sol kommer att gå upp i horisonten och ge oss en gyllene gryning. Segern kommer att bli vår. Vi måste bara stå emot bitterheten, uppgivenheten och förtvivlan.

Här. Ta det här pillret. Det är bra för dig. Ta dem inte på allvar. Du är fri.

"God, grant me the serenity to accept the things I cannot change
Courage to change the things I can
And wisdom to know the difference"

*DAN ERIKSSON*
*18 november 2019*

# Löfven har tappat all kontakt med verkligheten

**Dan Eriksson har tittat på intervjun med statsminister Stefan Löfven i Agenda, och konstaterar att den marxistiska analysen inte håller måttet och att Löfven en gång för alla tydligt visat hur långt från verkligheten han befinner sig.**

När statsministern ska intervjuas i Agenda, ett förresten ganska osmakligt namn på ett program om politik i den statliga televisionen, ser han allvarlig ut. Men inte på det där landsfaderliga, respektingivande sättet utan mer undergivet, som en blöt hund som bitit sönder ett par tofflor och nu hoppas att hundögonen ska göra att den slipper få skäll av husse.

Han har bjudits in för att tala om den organiserade brottsligheten, om de skjutningar och sprängningar som nu närmast blivit vardag i det projekt Socialdemokraterna en gång kallade det svenska folkhemmet. Kvinnor som avrättas på öppen gata, bärandes sitt barn i famnen och femtonåringar som skjuts ihjäl när de äter pizza har fått många att ifrågasätta vad regeringen egentligen håller på med.

Statsminister Löfven, med den socialdemokratiska rosen placerad på vänster kavajslag där amerikanska presidenter normalt sett placerar den amerikanska flaggan. Men hos statsministern syns ingen svensk flagga, ingen symbol att enas under; det är bara Partiets symbol. Kanske är det talande, att det är under Partiet och Värdegrunden som Partiet fastslagit vi ska samlas, kanske tolkar jag in för mycket.

**Den annalkande polisstaten**
Det är ett allvarligt läge, säger han: "Det är därför också polisen har gått upp i nationell särskild händelse så att man kan kraftsamla på ett ännu effektivare sätt och nu gäller det att vi tror på polisen, att vi litar på polisen och nu bör polisen få allt stöd man kan få."

Enligt Polisens hemsida innebär en särskild händelse en "plötslig, oförutsedd eller inplanerad händelse som den ordinarie polisverksamheten inte är anpassad för, och som därför ska hanteras utanför denna med en speciell organisation och ledning". Som exempel på sådant som gör att något kan klassas som särskild händelse listar man "naturkatastrofer, terrordåd och stora olyckor". Vilken av dessa kategorier det handlar om den här gången berättar aldrig statsministern.

Det viktiga är alltså att vi litar på polisen och ger polisen allt stöd de kan få. Statsministern själv menar att regeringen redan tagit några steg för att underlätta polisens arbete.

"Vi måste vara hårda mot brottsligheten här och nu. Det är därför polisen får mer resurser och måste få mer resurser, få ännu fler verktyg, både att kunna läsa krypterad trafik, göra det lättare att sätta upp kameror där man anser att det behöver vara kameror. Det är därför vi skärper straffen och ser till att vapenbrott, grovt vapenbrott, är nu av av den arten att man blir häktad och sen blir man kvar i minst två år, man kommer inte ut på eftermiddagen som man gjorde förut."

Alltså; mer övervakning och hårdare straff. Det hela följer den analys nationalister gjort av massinvandringens konsekvenser i snart ett halvt sekel; först kommer kaoset, laglösheten, våldet och den sönderslagna gemenskapen. Sen kommer svaret i form av en militariserad polis, en polisstat värdig George Orwells 1984 och inskränkandet av alla möjliga friheter för medborgarna.

### En marxistisk analys som inte håller måttet

Sedan mångkulturens införande i grundlagen 1975 har Socialdemokraterna haft makten mer än två tredjedelar av tiden och därmed haft det otvivelaktigt största inflytandet på den svenska politiken av samtliga partier, och bär därmed också den största skulden till det stora misslyckandet, även om inget annat av partierna kommer undan med någon heder i behåll.

Det är ganska lätt att se skiftet på 70-talet från folkhemmet till mångkulturen, där socialdemokratins fokus stegvis flyttades från att lyfta de svenska arbetarnas levnadsstandard och bildningsnivå till att försöka göra samma sak med hela världens befolkning. Problemet i grunden är så klart att folk är olika, rent biologiskt alltså, och att det som fungerar på och med svenskar inte alls behöver få samma resultat på somalier eller pakistanier.

Men detta är ingenting som socialdemokratin kan förstå, eftersom den i grunden är marxistisk och präglas av historiematerialism, alltså den befängda idén att det är ekonomiska och sociala förhållanden som är avgörande för historiens utveckling.

Statsministern gör det tydligt att gängbrottsligheten beror på materiella och socioekonomiska förutsättningar. På frågan om den lavinartade gängbrottsligheten hänger ihop med den stora flyktinginvandringen till Sverige faller han tillbaka på gammal, marxistisk retorik:

"Den organiserade brottsligheten beror på segregation, den har tillåtits fortgå allt för länge. Den beror på brist på arbete, att skolorna inte fungerar tillräckligt bra. Då kan det faktiskt hända exakt vem som helst, det beror ju inte på var jag är född, utan det beror på förutsättningarna. Så det viktigaste vi gör här det är att minska skillnaderna i vårt samhälle. Vi har också sett ökade klyftor i samhället och de skillnaderna måste minska oavsett var jag är född."

Att svenskar under lång tid levt under betydligt mer påvra förhållanden, varit betydligt mer trångbodda och under tider lidit av akut hungersnöd utan att vi sett den här typen av organiserad kriminalitet och systematiska mördandet verkar obekant för statsministern.

### Hade det lika gärna kunnat vara svenskar?
Programledaren Anders Holmberg ger sig dock inte riktigt än, utan påpekar att det så kallade utanförskapet och även gängbrottsligheten är "etnifierad", och frågar därför om inte segregationen faktiskt hänger ihop med den stora invandringen. Statsministern ser förvånad ut och slår undan påståendet.

"Nej, segregationen beror på att det är för låg sysselsättning och för hög arbetslöshet i de här områdena. Men det hade det varit oavsett vem som hade bott där. Om du sätter dit människor som är födda i Sverige under samma förutsättningar så får du samma resultat."

Det finns så klart ingen vetenskaplig bevisning för det här, varken i Sverige historiskt eller om vi tittar på vita, europeiska länder där den europeiska befolkningen levt eller fortfarande lever i en fattigdom som är betydligt värre än den som socialbidragsberoende utlänningar i förorten lever i. Det finns ingen automatik där människor som inte har jobb börjar mörda, råna och skända folk i sin omgivning. Det är ju knappast så att detta görs i desperation över att inte ha mat på bordet, en situation som väldigt få utlänningar i Sverige befinner sig i, utan det är helt andra faktorer som spelar in. När programledare Holmberg ändå inte släpper frågan blir statsministern uppenbart pressad. Han börjar flänga med armarna, ett par svettdroppar blänker till i pannan och hans hastiga och närmast okontrollerade rörelser får mikrofonen, som fästs på hans höga kavajslag, brusar och knastrar vilket får det att låta som en amatörsändning från TV Somalia på Öppna kanalen 1997.

Så hade problematiken sett likadan ut även utan den stora flyktinginvandringen undrar programledaren, som inte alls verkar nöjd med statsministerns tidigare svar.

"Om de ekonomiska klyftorna, de sociala orättvisorna hade varit desamma, svar ja, det är min bestämda uppfattning. Problemet här är ju att du har några områden som har stora problem med hög arbetslöshet, skolor där inte barnen känner att det här är min framtid. Det är därför vi nu satsar mer på skolor, skolor som behöver mer stöd ska ha mer stöd och får mer stöd. Det är därför vi ska ha människor in i arbete så att ungdomarna ser att de vuxna går till jobbet, de är inte lediga."

### En repig gammal skiva
Under mina snart tjugo år som aktiv i och runt politiken är det samma analys och förslag på lösning som presenterats av så väl Socialdemokraterna som de andra partierna i riksdagen. Bara utlänningarna kommer i arbete, lär sig språket och får mer resurser i skolan så kommer den där närmast mytomspunna integrationen bli verklighet.

Återigen så finns det inga som helst historiska belägg för att det skulle fungera. Det finns inget land som importerat en så stor del av sin befolkning från så pass främmande etniciteter och sedan lyckats "integrera" dem i någon större utsträckning. Hela idén vilar istället på en marxistisk historiematerialistisk analys och en idé om tabula rasa, alltså att vi föds som tomma blad utan förutbestämda egenskaper utan att dessa förvärvas under livets gång.

Det är klassiskt för socialistiska politiker att vägra anpassa kartan efter terrängen, utan istället försöka anpassa terrängen efter kartan. Om Partiets analys är att människor föds som oskrivna blad, och bara de ges rätt förutsättningar så kommer de att blomstra, ja då är det det som gäller, oavsett om de hittillsvarande resultaten säger motsatsen.

Sen kan man så klart titta på enskilda exempel, för det är ju självklart så att det kommer finnas gott om utlänningar som lyckas bli goda samhällsmedborgare, som jobbar och sköter sig och som kanske till och med bidrar med någon avgörande uppfinning eller framgångsrikt företag. Men den typen av mikroanalyser är egentligen irrelevant, eftersom den nu aktuella gängbrottsligheten och det besinningslösa våldet kräver en makroanalys, och den analysen visar klart och tydligt att etniskt ursprung spelar roll för vilka egenskaper du riskerar att utveckla, och att ett mångkulturellt samhälle i sig är skadligt för gemenskapen och underblåser parastatliga strukturer — i det här fallet i form av kriminella gäng som ett lockande alternativ för många unga utlänningar.

### Trixandet med arbetssiffrorna
Lösningen på problematiken ska alltså, enligt Stefan Löfven, vara att fler människor kommer i arbete. Och enligt honom har den socialdemokratiska regeringen gjort ett strålande arbete på den punkten.

"Sen jag tillträdde som statsminister är det drygt 300 000 fler människor som går till arbetet. 100 000 av dem finns i vår välfärd, i sjukvården, i äldreomsorgen, i skolan."

De här siffrorna är faktiskt intressanta, det är nämligen så att de dyker upp gång efter annan de senaste åren. Den 16 april 2018, alltså för ett och ett halvt år sedan, skriver Finansdepartementet på regeringens hemsida att "sedan regeringen tillträdde har 300 000 fler kvinnor och män ett arbete att gå till".

Antingen så har det inte hänt någonting på ett och ett halvt år, eller så är det bara siffror man slänger sig med när man känner sig pressad.

Att Sveriges befolkning under tiden ökat med minst en halv miljon människor, en ökning som uteslutande beror på massinvandringen, gör också siffrorna mindre imponerande. Men vad är det egentligen för arbetet som ska skapas för att utlänningarna inte ska sitta hemma och rulla tummarna och få för sig att bli kriminella?

"Det är just arbetslösheten som är A och O för vuxna människor. Det visar vi nu, att det går att också människor som har en låg utbildning kommer i arbete. Vi gör det med det vi kallar för extratjänster så att människor kan arbeta i äldreomsorgen. Det finns många arbetsuppgifter i samhället, men då går det inte att som borgerligheten tro att man bara kan sänka skatterna. Det är inte det som gör förändringen utan det är att se till att bygga ett starkt samhälle där det finns efterfrågan på arbetskraft."

Extratjänster är ett fint ord för skattesubventionerad diskriminering av svenskarna. De riktar sig framförallt till så kallade nyanlända, och är egentligen bara ett sätt städa undan folk ur arbetslöshetsstatistiken. Det handlar om att anställa folk i offentlig sektor, tjänster som det egentligen inte finns behov av eller resurser till, och låta det hela betalas genom statliga bidrag, och som Rebecca Weidmo Uvell uttrycker det, "locka med attraktiva bonusar för kommuner och landsting trycka in så många utlandsfödda arbetslösa som de kan." Extratjänsterna tillsammans med en del andra låtsasjobb-åtgärder beräknas kosta 63,4 miljarder skattekronor fram till nästa år.

### Ingen i riksdagen vågar presentera lösningar
Men trots dessa extratjänster och miljardregnet över utlänningar för att få dem att gå till någon form av arbete, även om det kostar massor av pengar för alla andra och inte bidrar med någon som helst nytta, så har gängproblematiken blomstrat under samma tid. Trots att "300 000 fler människor går till jobbet", trots integrationsprojekt och trots att Stefan Löfven ser jättejätteledsen ut så skjuts folk på öppen gata, bostadshus sprängs och svenskarna känner allt mindre igen sig i vad som en gång var vårt land.

I grunden beror detta på att man har en felaktig analys. Vad som gör det hela närmast nattsvart är att inget parti i riksdagen, inklusive Sverigedemokraterna, har en analys som sträcker sig utanför den materialistiska. Alla är överens om att det här kan fungera så länge vi lyckas med integrationen, eller får utlänningarna att assimileras in i en modern, liberal, sekulär världsordning. Det kommer så klart inte hända. Men lösningarna som behövs är inte bekväma. De är helt enkelt inte salongsfähiga.

För det första måste vi slänga ut marxistiska och historiematerialistiska analyser genom fönstret så att de landar på den historiska soptipp där de hör hemma. Sedan måste vi sätta oss ned och skåda verkligheten, våga vända på varenda sten och till slut inse att alla folk, på makronivå, har olika biologiska förutsättningar och är anpassade inte bara för olika klimat, utan för olika samhällsordningar och system. Vi måste också inse att ett harmoniskt samhälle där vi arbetar för istället för mot varandra kräver en överliggande gemenskap, något som binder oss samman även om vi träter i diverse frågor, och den enda gemenskap som är beständig över tid och rum är folkgemenskapen — vår gemensamma härstamning, historia och öde.

För att återupprätta tryggheten och gemenskapen behöver vi därför avskaffa det mångkulturella samhällsprojektet, ändra i grundlagen så att det klart och tydligt stipuleras att Sverige är svenskarnas land och att alla beslut ska tas utifrån det svenska folkets intressen. När detta är gjort måste de utlänningar som inte vill eller kan inordna sig i en sådan ordning så snart som möjligt återvandra till de länder de kommer ifrån, alternativt närliggande länder.

Det kommer vara ett antal tuffa år, och det kommer knappast gå helt fredligt till, det vore naivt att tro. Men ju tidigare vi genomför den förändringen, desto smärtfriare kommer det att vara.

Alternativet är att vi fortsätter i den riktning vi gjort de senaste 50 åren, och även om det säkert kommer komma politiska beslut som tidvis kommer dämpa effekterna av det politiska misslyckandet något, så är riktningen redan utstakad med parallellsamhällen, etniska konflikter, sönderslagen trygghet och gemenskap, indragna friheter och en allt mer desperat, repressiv och våldsam statsmakt.

Statsminister Löfvens svettpärlor och yviga flaxande med armarna i Agenda den 18 november skulle mycket väl kunna bli symboliskt, vår Ceaușescu på balkongen som är så verklighetsfrånvänd att alla till slut kan se att kejsaren är naken.

*DANIEL FRÄNDELÖV*
*18 november 2019*

# Hon förstår fast hon aldrig läst alternativmedia

**Den som inte kan, eller vill, konsumera det vi kallar "alternativmedia" är för evigt dömd till att vara en politiskt korrekt människa utan möjlighet att se vad som händer med vårt land. Eller? Nej, ett intressant möte med en dam som varit med här i livet ett tag fick mig på andra tankar. Och gav mig ett leende på köpet.**

Hon har precis fyllt 85 år och är, för sin ålder, väldigt frisk. Det är klart det har blivit allt jobbigare att gå och därför tog hon beslutet att flytta in på ålderdomshem, trots att hon älskar sitt hus. Droppen blev när hon ramlade omkull en dag och inte kunde ta sig upp. Det var faktiskt jag som fattade misstankar och med hjälp av en låssmed tog mig in i hennes hus där hon låg i en liten hög och skrek argt. Mer arg än rädd. Varför hade vi dröjt så länge? På den vägen är det.

Vi har högst sporadisk kontakt och när jag är i närheten av hennes ålderdomshem brukar jag svänga förbi och säga hej. Denna gången passade det extra bra eftersom hon fyller år. Det blev en liten bukett blommor och en timmes samtal. Jag undrar alltid om hon kommer känna igen mig, men det gör hon alltid. Dock alltid först efter att man har börjat prata för det är lite si och så med synen. Det gäller att tänka sig för lite grann när man pratar med henne. Hon är bitsk. Eller kanske bara väldigt ärlig. Hon berättar precis vad hon tycker och tänker, och ibland är det så rättfram att man får räkna till både tre och fem innan man svarar. Men hon gör det med ålderns rätt.

Det är sällan vi pratar politik, hon och jag. Det är mest om livet förr och hur hon har det på sitt ålderdomshem. Personalen är snäll, säger hon, men det är ett problem att så många inte kan svenska ordentligt. "Vi är för olika", suckar hon. Men hon trivs. Eller står ut. "Vad ska jag säga, Daniel? Det är inte så att jag har speciellt mycket att välja på."

Vi pratar om vad hon gör på dagarna. Det blir mycket TV. Hon gillar särskilt naturprogrammen och när jag berättar att det skjutits en älg i närheten blir hon upprörd. "Alla djur måste väl få leva", säger hon. Jag säger inte emot. Det är bäst så.

Via naturprogrammen på TV glider vi in på miljöfrågor. Jag vet inte alls om hon vet vad jag tycker om saker och ting. Därför är marken plötsligt minerad. Men bara ett kort tag. Med en enda desarmerar hon alla imaginära minor. "Man får ju inte göra någonting nu för tiden! Allt sägs ju påverka miljön!"

Jag svarar försiktigt jakande. Jag vet inte ens om hon hör för plötsligt brister hon ut i en svavelosande monolog om all galenskap hon ser.

Det är synd om Greta Thunberg och hennes föräldrar är inte kloka som låter henne utnyttjas, miljörörelsen består av tokstollar och hur ska världen ens fungera om vi inte får använda fossila bränslen? Förstår de ingenting? Och förresten, vem lyssnar ens på Greta med tanke på att hon fortfarande är ett barn? Vad är det som händer därute i världen? Har alla blivit fullständigt tokiga?

Det är vi eniga om. Jag berättar min syn på saken – att miljöhysterin främst är ett sätt att krama skattepengar ur rädda människor. För pengar är det ju ont om, som hon kanske vet.

Hon tittar på mig med oro i blicken. "Ja. Men var tar pengarna vägen…?"

Nu är det hon som tror att hon är ute och går på ett minfält och det är min tur att oskadliggöra påhittade trampminor. "Pengarna går till utlänningarna, och de ska ut ur landet."

Hon slappnar av och blir glad. Så glad att ytterligare en välkryddad monolog levereras, så högt att sköterskorna bör undra vad som pågår. Denna damen är inte nöjd med vad som händer utanför ålderdomshemmets väggar, det är tydligt. Hon gillar Jimmie Åkesson, det har hon alltid gjort eftersom han verkar så trevlig.

Det visar sig att hon har riktigt bra koll på vad som försiggår i landet. Det är inget förvånande. Jag är van att folk omkring mig har hyfsad koll på läget. Jag är van att de är arga, ledsna, förbannade och undrande.

När hon har fått svära av sig en stund tackar jag för mig och går ut i höstregnet igen. I bakhuvudet rullar en tanke runt som jag inte lyckas få grepp om först. Det är en känsla av förvåning.

Plötsligt slår det mig. Denna kvinnan vet inte vad alternativ media är. Hon känner varken till Svegot, Fria Tider, gamla Avpixlat, Nya Tider eller något annat. Hennes mediadiet består till ett hundra procent av SVT och liknande. Hon matas med detta under mer eller mindre varje vaken timme, då TVn tyvärr är hennes enda sysselsättning under dagarna. Hon bör vara ordentligt marinerad i politisk korrekthet.

Ändå är hon det inte. Absolut inte. Hon var lika klarsynt som vilken uppvaknad individ som helst, och det är det som förvånade mig. Visst, hon hade kanske inte riktig koll på varför saker händer men det är inte det viktiga. Hon vet att det är fel. Hon förfasas.

Det får mig att le på den mörka motorvägen någonstans söder om Göteborg. För om hon förstår, som bara har tillgång till statligt godkänd media och som mycket sällan får se den bistra verkligheten med egna ögon, då borde väl ändå alla kunna förstå.

Eller?

*EVA-MARIE OLSSON*
*19 november 2019*

# Blå ögon och strukturell rasism

**Vem uppfann begreppet "den strukturella rasismen", jag måste kolla lite. Det verkar vara ett relativt nytt påfund, och om man kikar runt lite på nätet så blir man väldigt snabbt varse att syftet är att trycka ner oss vita människor, i våra egna länder.**

Det handlar om att anamma och bejaka tanken om ett normkritiskt pedagogiskt förfaringssätt, eller som Skolverket sammanfattar: "…Medvetenheten om att, och på vilket sätt, strukturell rasism kan ta sig uttryck i skolan och samhället, och hur detta är historiskt förankrat, är det första steget i ett normkritiskt arbete med fokus på vithetsnormer…" Alltså, vita människor ska förintas, eller i vart fall underkuvas och hålla flabben.

**Så vad fick mig att börja fundera på rasism**, och då på "strukturell rasism"? Eftersom det på kort tid mest varje dag i en period dödsskjutits invandrarungdom i Malmö, så har vi ännu en gång genom etablissemangsmedia fått höra mer eller mindre klarsynta uttalande från till exempel politiker, "mannen på gatan", journalister, fd. kriminell men nu mera ungdomsledare, invandrarföreningar, samt kommentarer ifrån halvkändisar.

Varför skjuts det i Malmö, varför skjuter unga kriminella invandrarungdomar ihjäl andra unga kriminella invandrarungdomar? Tänka tänka tänka… hur kan det komma sig? Jag ska inte hålla er på sträckbänken utan går här rakt på sak.

Det finns en person i Malmö, Nicolas Lunabba tillika verksamhetschef för föreningen "Helamalmö", han var med i en liten debatt i SVT och konstaterade "Att vara priviligierad och i det här fallet vit i ett Sverige, där vi trots allt har oerhörda problem med strukturell rasism exempelvis…" Nu håller jag ju inte med honom i hans analys, och det kan säkert bero på att jag är en helt vanlig vit svensk, och till och med född i Malmö för så länge sedan då herr Lunabba förmodligen inte ens var tilltänkt, det var för så längesedan jag föddes att verksamhetschefens föräldrar kanske inte ens visste i vilket land Malmö var beläget. Jag säger inte att det var så, men det kan vara så. Vill även tillägga att jag som vit nordbo håller på det skånska/svenska vita laget, i motsats till Herr Lunabba och Skolverket som håller på dom andra. Här har vi ett dom, och ett vi, helt naturligt, vi väljer alla sida.

**Det hörs ett himla gnäll från de kriminella** och såklart gnyr även deras kommunala proffsbeskyddare. Det är aldrig de utländska kriminellas fel, och de kriminella som skjuts ihjäl var alltid fina, snälla och bra killar.

Föreningar likt "Helamalmö" växer upp som svampar ur jorden, det är gyllene tillfällen och födkrokar åt de som profiterar på invandringsindustrins många baksidor. Hjälp finns att få med lokaler och i detta specifika fall står man med en gigantisk lokal på 1 000 kvadratmeter i ett bostadsområde jag bodde i som barn, men som jag som vuxen inte längre känner igen mig i. Utländska herrar och damer "jobbar" hårt för att täppa till truten på värdfolket ifall vi inte känner för att få kastat skit på oss. Tig still, och betala.

1975 togs i Riksdagen ett mycket olyckligt beslut över det svenska folkets huvuden, ingen frågade oss ifall vi ville omdana vårt land till ett "mångkulturellt" kaosland, där vi dessutom frånsett det våld vi fått inpå husknuten även tvingas stå ut med hat mot vår blotta existens.

Att kriminella utlänningar skjuter ihjäl kriminella utlänningar som de känner och vill bestraffa genom att döda, det är... tadam... och trumvirvel... vita malmöbors fel... för vita malmöbor är rasister. Det hela är rena snurren. Vi känner oss inte träffade, vi är inte ligister.

**Det som däremot är tydlig är att vi svenskar** i våra professioner fortsätter att behandla de utländska gästerna så som vi själv vill bli behandlade, men inser att vi får allt mer och allt oftare endast skit tillbaka. Vi vet inte till oss i att behaga utlänningar, våra beslutsfattare till och med anställer "före detta" kriminella utlänningar att arbeta bland våra barn och ungdomar.

Vi ska inte förledas att tro att de folkvalda är personer med ett exceptionellt gott omdöme, vi ser mer regel än undantag att deras mission är att gödsla med bidrag till invandrarprojekt, och genom föreningsbidrag åt invandringsprofiterande herrar och damer som herr Lunabba mobiliseras det svenskförakt som SVT villigt hjälper till att förmedla. Det är tydligt nu för var och en att se.

Om du har barn eller barnbarn som en dag kommer hem från skolan och berättar att det är jobbigt att ha blå ögon, vifta då inte bort det som fantasier. På skolor i Malmö "är barn med blå ögon hårt ansatta", berättade en skolsköterska för mig för tio år sedan. Det hör till saken att på den skolan i Hyllie stadsdel fanns det inte några svenska elever, utan de som blev hatade för sina blåa ögon var några bosniska barn.

Förmodligen finns det strukturell rasism i Malmö, och så kan vi ju inte ha det för det mår ju ingen bra av. Jag vill att alla ska må bra, det är dags att dela upp oss. Varför gå här långt uppe i kalla Nord och må illa av vitt skinn och blå ögon, när man istället kan gå bland de sina och softa i Afrika eller i Mellanöstern.

*JALLE HORN*
*19 november 2019*

# Desperata ministrar och desperata kommuner

**Stefan Löfvén svamlar i teve, Morgan Johansson mumlar i riksdagens talarstol, Magdalena Andersson försöker räkna sekinerna, Peter Hultqvist vill förbjuda samhällsdebatten på internet, arbetslöshetssiffror friseras, kommunerna ska lösa ekonomin genom att spara in på uppvärmning och toapapper. Varje förslag och rent av varje rörelse från de styrande luktar desperation, uppgivenhet och handfallenhet. Är det dödsryckningarna vi ser?**

Statsministern påstår att han satt problemet med gängkriminaliteten högt på agendan från första dagen som statsminister. Det rådande läget visar väl om något hur oduglig han har varit. I SVT:s Agenda (17/11) sitter han sedan och svamlar. Hur utvecklingen ska förklaras har han ingen aning om. Det har i alla fall inget som helst att göra med de senaste årens invandring. Det är han säker på. Samma brottslighet skulle ha utövats av pursvenskar ifall det inte funnits några invandrare, menar Löfvén. Vidare påstår han att regeringen åtgärdar och åtgärdar. Men uppenbarligen hinner de aldrig ikapp, om de nu ens började.

Dagen efter rapporteras det om en sprängning i en skola i Helsingborg och skjutningar mot en lägenhet i Uppsala. Dag efter dag med samma vara som Löfvén påstår har toppat hans agenda sedan han blev statsminister för fem år sedan. Intervjun i SVT visar på full uppgivenhet.

Morgan Johansson överlevde misstroendevotum för några dagar sedan men är uppenbarligen ansatt av dödsrosslingar. Han kommer ingen vart med den organiserade brottsligheten och det osäkra läget på landets gator. Det känns inte ens som om han vill åstadkomma något.

Hans viskade kommentar i riksdagsdebatt med Richard Jomshof för några veckor sedan angående Jomshofs uppräkning av fruktansvärda brott i Sverige på sistone säger allt om hans arrogans och likgiltighet: "För mig spelar det ingen roll". Nej, uppenbarligen spelar medborgarnas utsatthet ingen roll för en handfallen justitieminister.

Peter Hultqvist tar över där Mikael Damberg, Morgan Johansson, Amanda Lind, Peter Eriksson m.fl. har börjat. Rucka på yttrandefriheten för att försvåra för nationella partier att vinna framgångar och för medborgare i allmänhet att kämpa för fortsatt frihet. D.v.s. han vill som sina kumpaner rikta demokratin till att bara vara till de etablerade partiernas och åsikternas fördel. Hans senaste utspel är att skapa engagemang för en myndighet för psykologiskt försvar som ska hämma den öppna debatten på internet. Kritik mot regeringen ska ses som samhällsomstörtande verksamhet med rötter i främmande makt (Ryssland), som därför ska kunna förbjudas, medan regeringen behöver en öppen propagandakanal direkt till folket. Är det så Hultqvists utspel ska tolkas? Desperata åtgärder av usla politiker – som kvickt närmar sig skurknivå!

**De senaste åren har vi sett hur kommunerna** sparar in på välfärd för att kunna bereda plats åt invandrare i massinvandringens spår och för att lägga kraft på prioriterar galna projekt som klimat och könsfrihet. Nu senast ser vi hur en kommun vill sänka värmen på ålderdomsboende och en annan vill spara in på skolornas toalettpapper. Sådana desperata åtgärder görs av politiker som står helt handfallna inför verkligheten, utan insikt eller kraft. Dag efter dag rapporteras det om sådana nedskärningar av politiker i panik.

Nu har finansminister Magdalena Andersson också försökt tänka till om verkligheten. Hon vill slå flera flugor i en smäll i sitt senaste förslag: hjälpa brottsoffer, försvåra för brottslingar och göra en liten förtjänst i statskassan – samt inte minst stjäla röster med ett intetsägande förslag som ser bra ut i tidningarna. För visst låter det bra. Hon vill att dömda brottslingar med skulder ska tas ifrån bilar, klockor, märkeskläder o.d., pengar som då kan gå till brottsoffermyndigheten, kronofogden och liknande instanser. Det låter ju utmärkt att det ska svida för banditerna. Men hur mycket pengar kan det röra sig om, och hur mycket kommer skurkarna att bry sig? Givetvis är förtjänsten minimal, troligtvis en minuspost efter byråkratiska utgifter, och brottslingarna kommer enkelt att finna sätt att behålla sitt krimskrams. Förslaget är skrattretande i sin helhet, ett uppenbart försök att flörta med medborgarna när regeringen har svikit dem. En dumsnuts dödsryckningar!

*DAN ERIKSSON*
*19 november 2019*

# Börjar Lena Mellin förstå att hon snart är arbetslös?

**Vindarna vänder fort när politiskt korrekta skribenter försöker rädda sitt eget skinn. Men vi minns hur ni aktivt arbetat för att förstöra vårt land, och vi kommer aldrig att förlåta er.**

Lena Mellin är politisk kommentator på Aftonbladet och ställföreträdande utgivare för tidningen. Aftonbladet, likt i stort sett all annan gammelmedia, har de senaste åren fått uppleva den så kallade tidningsdöden — allt färre är helt enkelt intresserade av att läsa deras blaskor när alternativmedia nu finns att ta del av.

Kanske är det vad som får Lena Mellin att nu försöka låtsas som att hon alltid sett riskerna med den stora massinvandringen, trots att hon under lång tid varit rabiat invandringsförespråkare och en av de osjystaste debattörerna på den socialdemokratiska kvällstidningen.

Den 17 november i år skriver hon att partiledarna "borde skämmas" och anklagar riksdagen åt att ägna sig åt symbolpolitik istället för att lösa gängproblematiken.

"I årtionden har de i stort sett negligerat utvecklingen i vissa av våra förorter. Trots att alla visste att det skulle sluta i katastrof."

Alla visste? År 2013 försökte hon göra sig lustig över dåvarande ordförande för Sverigedemokratisk Ungdom, Gustav Kasselstrand, och påstod att han levde i ett "parallellt universum" när han hade mage att kalla invandringen för ett 40-årigt experiment:

"Ursäkta mig, den som tror att människor började invandra till Sverige för fyra årtionden sedan vet absolut ingenting om vår historia. Jag säger bara italienska stallknektar på 1500-talet, vallonska järnspecialister på 1600-talet, hansatyskar under medeltiden, finnar på 1500-talet, franska konstnärer och filosofer under 1700-talet."

Mitt under brinnande flyktingkris 2015 skrev hon i Aftonbladet:

"Vi i Sverige har all anledning att vara stolta. Vi är inte bara ett av världens friskaste, rikaste och jämlikaste länder. Vi bor dessutom i ett land som många vill flytta till. Härligt. Tiotusentals människor kommer till vårt land vartenda år för att de vill bo här, skapa sig ett liv och se sina barn växa upp här. Hur många andra länder har den attraktionskraften? Inte många."

Dessutom passade hon på att sprida sin typiska svenskfientlighet, där hon förklarar att ett svenskt land vore "tråkigt":

"Alltför utbredd homogenitet är tråkigt. Det är skojigare när alla inte är lika. Olikheter berikar, inspirerar – och gör oss lite bättre."

Resultatet vi nu ser med parallellsamhället, avrättningar och bombdåd är resultatet av de där spännande "olikheterna". Det är resultatet av att "så många vill flytta hit". Det är resultatet av det idoga arbete Mellin och andra genomfört i årtionden för att öppna upp gränserna och omvandla Sverige till ett mångkulturellt helvete.

Sen har hon mage att klaga på politikerna.

Men vad gör det, snart är hon arbetslös. Och hon kan glömma pension, varenda sekin ska nämligen gå till att betala hennes skuld för vad hon åsamkat det svenska folket.

*MAGNUS SÖDERMAN*
*19 november 2019*

# Vad viskade Morgan egentligen om?

**Efter att Richard Jomshof (SD) i en debatt med statsrådet Morgan Johansson (S) räknat upp ett antal grova brott hörs Johansson viska att "för mig spelar det ingen roll". Detta har lett till åtskilliga påståenden om att ministern inte bryr sig om våldtäkter, mord och skjutningar. Men är det sant?**

Med tanke på hur ministern beter sig och hur situationen i Sverige ser ut är det lätt att dra slutsatsen att han inte bryr sig. Hade han brytt sig hade han agerat annorlunda — något som gäller alla ansvariga politiker. Så när han viskar fram orden verkar det bara vara ett erkännande av fakta.

Men. Och detta men är viktigt eftersom att vi inom oppositionen har ett stort ansvar inför sanningen; ser man till sammanhanget så verkar det snarare som om att Johansson (precis som alla brukar göra) gör anteckningar medan Jomshof pratar. Ministern förbereder sitt svar helt enkelt och som så ofta händer var och en som gör det, pratar han för sig själv – formulerar det han skriver viskande. När det sedan är dags för Johansson att svara säger han, efter en inledande tirad: "För mig spelar det ingen roll…" och fortsätter med något om "svart eller vit". Han säger alltså det som han tidigare skrev ned och viskade om. Att det blev som det blev får vi nog bara tillskriva slumpen.

Att göra nyhet av att han inte skulle bry sig (även om det inte verkar som han gör det) utifrån denna viskning är problematiskt. Det lämnar dörren öppen för våra motståndare att misstänkliggöra oss; att kunna hävda att vi far med osanning eller vinklar rejält för att det ska passa oss. Vi ska inte ge dem det. Vi måste vara bättre än så. Det finns mycket annat att ta på, sådant som är uppenbart och självklart, för att visa att vare sig Johansson eller regeringen bryr sig. Vi behöver inte gå ut på tunn is. Det är precis det man gör när man blåser upp Johanssons viskning, menar jag. Som sagt, vi måste vara bättre än så.

*MAGNUS SÖDERMAN*
*20 november 2019*

# Clas Ohlson kräver att företaget inte syns i Staffanstorpsfilmen

**Reklamfilmen som Staffanstorps kommun släppte för en dryg vecka sedan fortsätter att ge publicitet. Denna gång är det Clas Ohlson, vars flyttlådor syns i filmen, som skapar uppståndelse.**

Enligt detaljhandelskedjans kommunikationschef Niklas Carlsson har kunder frågat om företaget sponsrat filmen, vilket de inte gjort "förstås", säger Carlsson. Företaget har nu kontaktat Staffanstorps kommun och påtalat för dem att de använder företagets logotyp utan tillstånd. Vidare kräver de att att filmen klipps om, eller att deras namn "blurras".

Det är när familjen i filmen flyttar som man kan se Clas Ohlsons flyttlådor och det är dessa som företaget vill ska klippas bort eller "blurras". Staffanstorps starke man, Christian Sonesson (M) verkar dock inte bekymra sig nämnvärt. Han skriver på sin Facebook:

"Clas Ohlsons försöker nu få oss att klippa eller 'blurra' vår film så att flyttlådor som köpts hos dem inte syns i filmen. Ängsligheten är stor i Sverige. Filmen har setts av 250 000 människor. Clas Ohlson har dessutom redan fått betalt för sina papplådor när de såldes. Clas Ohlson borde var glada över att just deras flyttlådor syns men det är de alltså inte. Vad är det som gör Clas Ohlson så pk så att de försöker få oss att klippa eller 'blurra' filmen? Jag vet var jag inte ska julhandla i år. Bye bye Classe!"

**Att det handlar om ängslighet** i det här fallet kan vi nog sluta oss till, även om det så klart måste finnas möjligheter för företag att slippa sammanknippas med politiska och/eller religiösa budskap i reklam. Det är dock inte svårt att antaga att man från Clas Ohlsons sida hade brytt sig nämnvärt om deras lådor synts i något mer politiskt korrekt sammanhang – men det är ett antagande.

Kanske skulle företaget kräva detsamma om det var i en reklamfilm för vilken annan kommun i Sverige som helst, där S eller kanske C styr. Fast då hade de aldrig blivit uppmärksammade på att kartongerna syns eftersom "vi" – alltså Sverigevänner som grupp – inte skulle känna behovet av att gnälla. Inte heller hade media drevat i det scenariot, så som de drevat mot Staffanstorp.

Vi måste därför bli bättre på det här, att hålla företag ansvariga. Ser du Clas Ohlsons logotyp i något annat sammanhang – reklamfilm, musikvideo etc. – bör du höra av dig till företaget och hålla dem ansvariga för det generella budskapet. Det är trots allt Clas Ohlson som vill ha det så.

*För övrigt är det värt att påminna läsaren om att dylika flyttlådor som syns i filmen och finns att köpa i olika affärer är undermåligt urusla för flytt. Ska du flytta, se till att köpa dina flyttlådor från flyttföretag. De är lite dyrare, men mycket bättre.*

*JALLE HORN*
*20 november 2019*

# Alltid läggs skuld på SD

**Sverigedemokraterna har flest ingenjörer i riksdagen. Så bra får det inte vara, tänker författaren till en kulturartikel i SvD. Därför tänker han ut ett sätt att förringa SD-ingenjörerna. Deras sätt att tänka och finna politiska lösningar är förenklade, menar han. De är nämligen obildade. Men författaren verkar själv inte vara särskilt bildad.**

"Är det en slump att hälften av alla ingenjörsutbildade riksdagsledamöter tillhör Sverigedemokraterna?" Det frågar sig KTH-professorn Per Högselius i ingressen till en understreckare i SvD för en månad sedan. Det låter ju som lite beröm att meddela alla att SD har många högutbildade personer i riksdagen, och därtill såsom ingenjörer säkert ganska verklighetstillvända. Men i meningen efter visar det sig att Högselius bara är en fräck typ som vill stämma in i PK-kören: "Det är inte osannolikt att det finns ett samband mellan bildningens förlorade status på de tekniska högskolorna och den övertro på enkla lösningar som präglar samtiden."

Nu förstår man också en sida av hans rubrikval (såvida inte SvD-redaktionen har valt den): "Vart tog den bildade ingenjören vägen?" Samtidigt som det är ett faktum att just SD har flest ingenjörer i riksdagen så kan Högselius ge sken av att de är obildade och tror på enkla samhällslösningar.

I artikeln diskuterar han något som tycks ha tilltagit de senaste säg 70 åren, nämligen att vår tids ingenjörer äger betydligt mindre humanistisk bildning än tidigare. Han för sin diskussion med hjälp av en nyutgiven bok – som sed är i SvD:s understreckare – som handlar just om lägre bildningsgrad hos dagens ingenjörer (Per Jacobson: "Den bildade ingenjören").

Det finns mycket att säga om det fenomenet, och i viss mån är det kanske överdrivet. Jag har träffat flera ingenjörer med bildningsintresse och många lärare inom svenska, historia o.d. som knappt har en enda bok där hemma. F.ö. finns det nuförtiden många läkare, psykologer, jurister, veterinärer och andra högutbildade som inte har mycket humanistisk bildning och lika lite intresse för det. Det har nog inte så mycket med ingenjörer att göra, snarare är det ett allmänt kulturellt fenomen i det moderna Sverige.

**Högselius artikel har väl sina intressanta aspekter** men det känns ändå rätt ensidigt; i mina ögon framstår han som rätt obildad. En lustig sak är att han nämner Nobeldagen. Alfred Nobel var idealtypen för den bildade ingenjören, med stort intresse för litteratur, filosofi o.d. På Nobeldagen, klargör Högselius, står litteratur- och fysikpristagare bredvid varandra, konsten hand i hand med naturvetenskapen. Men har han missat att SD-topparna till skillnad från de andra partiernas högsta höns inte är välkomna på Nobeltillställningarna. SD:s ingenjörer ser Nobelkommittén ned på. Kanske vore det lämpligt att anklaga dem snarare än Sverigedemokrater.

Inte heller gör Högselius någon poäng av bildningens främsta fiender i vår moderna tid, t.ex. teves roll, att skolan väljer bort klassisk bildning för samhällsorientering (förslaget att slopa antiken i historieämnet för grundskolan är typiskt för den trenden), bildningens låga status i dagens Sverige, den sociala ingenjörskonstens roll i Sverige. Det är svagt av Högselius att missa det vare sig Jacobssons bok berör sådant eller inte. Ska man finna bildningsskurken i dagens politiska partier är det snarast sossarna p.g.a. deras totala tro på social ingenjörskonst och statlig förmåga att lösa alla problem.

Högselius gör väl så gott han kan i artikeln utifrån sin bildningsgrad. Men fräckheten är direkt stötande p.g.a. det löjliga utfallet mot SD:s ingenjörer i riksdagen – och alla andra på högerkanten förstås. I slutet av artikeln försöker han knyta ihop säcken.

Högselius menar att humanistisk bildning kan förhindra övertron på förenklade samhällslösningar. Just det, påstår han, "gör dagens ingenjörer särskilt mottagliga för populism, konspirationsteorier och fake news". Och som sagt, just SD har klart flest ingenjörer i riksdagen. Ergo tänker Högselius med sin oerhört förenklade människosyn, svårt antastad av dum, känsloladdad politisk korrekthet: det är typiskt att Sverigedemokrater – välutbildade men utan djupare förståelse för människor och verkligheten – vill stoppa invandringen, begär hårdare straff mot gängkriminella och önskar en moderat hållning gentemot klimathysterin. Det beror på att de brister i humanistisk bildning, tror Högselius.

Vilken dum människa Per Högselius måste vara.

*DAN ERIKSSON*
*20 november 2019*

# Ingen bör ta Ulf Kristerssons ursäkt på allvar

**Ulf Kristersson ber om ursäkt och menar att massinvandringen visst kan skapa problem. Men varför ber han inte om ursäkt till de människor som verkligen förtjänar det? Och framförallt, kan man alls lita på hans kappvändande?**

Massinvandringens negativa konsekvenser har blivit omöjliga att dölja även för de som tidigare kunnat leva i sin bubbla, antingen i den delen av den svenska landsbygden som varit förskonad från mångkultur, eller för den välgödda medelklassen i städernas finare kvarter. Den alltid lika taktlösa Stefan Löfven har däremot inte riktigt insett detta, och gjorde därför bort sig katastrofalt i SVT Agenda (17/11). Moderaternas partiordförande Ulf Kristersson har i spåren av Löfvens misslyckande fått vittring. Han går nu ut på Facebook och ber om ursäkt "i den mån [hans] parti har bidragit till att smäda och frysa ut de röster som ville och vågade lyfta problemen".

Att udden är riktad mot Löfven och en möjlighet att använda opinionen som nu vänt sig emot statsministern är tydligt:

"För det som Stefan Löfven inte alls kan se, ser nästan alla andra: Det är ju alldeles uppenbart att gängkriminaliteten, skjutningarna och avrättningarna är starkt kopplade till alltför stor invandring och alltför dålig integration. Hur kan man ens låtsas något annat?"

Låt mig börja med att konstatera två saker.

För det första är den här typen av uttalandet bra för den nationella oppositionen. Inte för att vi tror att "Tuffe Uffe" kommer lösa problemen, för det kommer han inte, utan för att det fortsätter att normalisera vår analys att det mångkulturella experimentet inte är något stabilt samhällsfundament.

För det andra har man så klart rätt att ändra åsikt, och om Kristersson plötsligt skulle börja förespråka nationalism och folkgemenskap (vilket han inte gör) vore det så klart välkommet, även om det skulle ta lång tid för någon sansad person att tro på honom.

**Kristersson hyllade nuvarande migrationspolitiken**
Kristersson har länge varit en förespråkare av fri invandring, och det är bara något år sedan som han sa i riksdagen att den nuvarande migrationspolitiken är bra.

Det här handlar alltså inte om att Kristersson skulle ha ändrat sig, eller att han egentligen kommit till någon djupare insikt om den mångkulturella problematiken. Istället är det en fortsatt triangulering, alltså ett försök att maximera antalet röster med utspel som ska fylla det vakuum han märker uppstår.

Jag kan verka cynisk, men alla som följt den politiska debatten de senaste decennierna vet att det är så här det fungerar.

I sammanhanget ska vi inte heller glömma bort att även om Kristersson nu lyfter delar av problematiken, så saknar han helt lösningar. Hans problem med volymen på massinvandringen är att den försvårar integrationen, medan en nationalistisk lösning på problematiken motsätter sig integration.

Våra idéer står alltså väldigt långt ifrån varandra, och därför kan man som nationalist aldrig ge sin röst till Kristersson eller hans parti.

**Be om ursäkt till rätt personer**
Symtomatiskt för hela Kristerssons utspel är också att han, när han ska nämna några personer som tidigt såg problemen med massinvandringen, hänvisar till Mauricio Rojas och Alice Teodorescu. Båda dessa personer råkar också sedan några månader vara anställda av Moderaterna, Rojas i partiets integrationskommission och och Teodorescu i partiets arbetsgrupp för att utveckla ett nytt idéprogram. Det handlar alltså inte om någon genuin ursäkt till invandringskritiker, utan ett sätt att försöka lyfta det egna partiets nuvarande medarbetare.

Hade ursäkten varit ärligt menad så han istället bett om ursäkt till de som på allvar, och långt mycket tidigare än de två ovannämnda, varnade för den mångkulturella faran. Han hade bett om ursäkt till Per Engdahl, till Anders Klarström, till Klas Lund och till Jan Milld, Anders Sundholm och Inger-Siv Mattson på Blågula frågor för att nämna några. Människor som på olika sätt arbetat för att upplysa det svenska folket om vad som kommer ske om massinvandring får fortsätta, och som alla på olika sätt fått rätt i sina farhågor.

Nu förstår jag att Kristersson inte kommer göra det, han är nämligen inte nationalist. Kristersson är globalist, och framförallt är han en politisk karriärist. Han sätter upp fingret i luften, ser åt vilket håll det blåser och försöker hitta sätt att profitera på det.

Samtidigt fortsätter den nationella oppositionen sitt idoga arbete och Overton-fönstret fortsätter flyttas åt vårt håll för varje dag. Det vi sa för fyrtio år sedan har nu nått Kristerssons talskrivare, men vi tänker inte nöja oss förrän statsministern proklamerar att det är dags att genomföra det stora återvandringsprogrammet – inte förrän statsministern ifrån riksdagens talarstol förklarar att nu börjar vi internera, deportera och repatriera.

*MAGNUS SÖDERMAN*
*20 november 2019*

# GW Persson skyller sprängningarna i Sverige på sverigedemokrater

**Enligt Leif GW Persson har polisen fel när de tror att det är samma personer som skjuter och spränger i gängkrigens Sverige. "Man kan inte utesluta att en del sprängningar handlar om ett klassiskt högerextremistiskt scenario", hävdar han i en intervju.**

Enligt professorn drar polisen fel slutsatser kring gärningsmän och hans övertygelse är att de därför letar på fel ställen: – Jag tror att man letar på fel ställen. Många av dom här smällarna i centrala delar i stan verkar ju inte riktade mot något särskilt annat än att det ska komma till allmänhetens kännedom. Dom verkar riktade mot opinionen.

Detta säger han i en intervju i tidningen Paragraf. Enligt Persson har sprängningarna ett visst mått av "ömsinthet" eftersom inte så många har skadats av dem. Detta, menar han, tyder på att det inte är kriminella gäng som är ansvariga. Enligt professorn kan man inte utesluta att det är högerextremister som ligger bakom en del av sprängningarna då sådana vill "pigga upp kriminalpolitiken i en viss riktning". Leif GW Persson räds heller inte att peka ut vilka "högerxtremister" det skulle kunna röra sig om. på frågan:

– När du säger högerextremistiskt, syftar du då på NMR eller Sverigedemokraterna? Varpå GW svarar: – Ja, det är typ såna. Så resonerar jag och hitintills har jag inte sett någon övertygande motbevisning.

Flera på Svegots redaktion som uppskattat professorns arbete och uppriktighet genom åren (undertecknad en av dem) är nu oroliga om GWs skärpa nu har blivit slö och hans lojalitet till socialdemokratin i vått och torrt till sist gjort honom till en lika god kålsupare som övriga S-märkta i landet. Det verkar inte bättre, för hans analys lämnar mycket att önska.

*MAGNUS SÖDERMAN*
*21 november 2019*

# Hjältarna som aldrig behövdes stod redo att försvara Sverige

**En "stormakt" kräver att få använda Sverige för trupptransporter efter att kriget startat i Europa. Svenska regeringen säger nej. En mindre flottstyrka kränker vårt territorialvatten och nedkämpas. Kriget är ett faktum. Hur ska nu Sverige klara sig?**

Detta är upplägget för en dokumentär som jag råkade finna när jag bläddrade igenom vad som fanns på SVT Play. "Skymningsläge – Sverige under kalla kriget" heter den (från 2016) och jag rekommenderar var och en att se den. Gillade du Operation Garbo-böckerna så kommer du falla för "Skymningsläge" som en fura.

**Det är journalisten Melker Becker som klippt ihop** en svensk krigsfilm med hjälp av arkivbilder och filmer som svenska försvaret producerat under åren. Vi befinner oss på 1980-talet och den som har minnesbilder från den tiden känner igen sig.

För egen del (född 1977) har jag fragment från slutet av 1980-talet; det tydligaste hur rädd jag blev för Hesa Fredrik en gång. Jag sprang gråtandes hem, gömde mig och trodde att kriget kommit. Mamma, eller pappa, lugnade mig – det var bara ett test. Jag hade läst "Om kriget kommer" i telefonkatalogen, därav min rädsla… och en spännande känsla. Mitt andra minne på ämnet är att jag läste om motståndsrörelsen i texten, och om att "alla uppgifter om att motståndet ska upphöra är falska", och att hela Sverige ska försvaras och fortsätta försvaras tills det är befriat. Det satte också spår och ingjöt en nationalistiskt känsla hos mig. Antagligen är det därför jag reagerar så starkt på dokumentären. Tidvis tåras ögonen.

Jag har sett den ett par gånger vid det här laget. Senast såg jag den med min son och passade på att ge honom en historielektion på köpet. Han tyckte den var obehaglig och kröp upp i famnen på mig, men han förstod också ett och annat. Under samtalet efteråt berättade jag om situationen då, när jag var liten och med exempel från filmen förstod han varför jag alltid tjatar om att man aldrig ska ge upp, varför man ska kämpa på även om det är jobbigt och känns hopplöst. Det var den inställning som en svensk soldat skulle ha förr, ja inte bara soldaten: alla svenskar lärde sig, under många år, att om kriget kom så skulle alla sluta upp och försvara nationen till sista blodsdroppen.

Jag skulle kunna recensera den, beskriva hur skickligt gjord den är, eller hur jag känner igen kläder, bilar, utseenden och miljöer. Allt det finns där och gör dokumentären sevärd. Man får en inblick i försvarets hopplösa läge och om civilförsvaret och den svenska beredskapen (fascinerande var och en för sig). Men jag lämnar det därhän, det får du uppleva själv om du tittar på den.

**Det som fastnar och lever kvar hos mig** är de hjältar som aldrig behövdes – de män och kvinnor vars offer aldrig krävdes. Tanken på dem gör mig stolt. Berättarrösten i filmen förtäljer om Björn Lindblad, stridspiloten som går upp mot fienden med sin J37 Viggen. Han vet att han inte kommer att komma tillbaka. Han vet att det bara är fråga om tid innan flygvapnet är utraderat. Han vet allt detta, men gör sin plikt och lyder ordern: Håll gränsen. Norr om Gotska Sandön tappar man radarkontakt med honom. En hjälte som offrade sitt liv för att ge sina landsmän några dagar extra att förbereda sig.

Jan Larsson befinner sig på en ubåt. Nu är det flottans tur. Efter att luften förlorats måste man göra allt för att hindra fienden att landstiga. Också han vet att fienden är övermäktig. Men en efter en går de ut; ubåtarna, fregatterna, jagarna och korvetterna. Också de redo att offra sina liv för att mobiliseringen ska kunna genomföras och kustförsvaret göra sig redo.

Invasionen är ett faktum när fienden landstiger. Längs kusten möter de hårt motstånd men övermakten är för stor. Tusentals svenska soldater dödas när fienden sveper in. Den allmänna mobiliseringen går för full maskin, hemvärnet gör sig redo och beredskapslagren töms. Allt mot fienden, alla mot fienden. Civilbefolkningen uppmanas att göra motstånd, ta ner vägskyltar och ge falska anvisningar; sabotera på alla sätt de kan och … hålla stridsmoralen vid liv.

Dagar blir till veckor som blir till månader. Det totala kriget är över oss och det organiserade försvaret har fallit samman. Men fortfarande finns små sammansvetsade förband överallt i landet. Genom gerillakrigföring lämnar de fienden ingen ro. Trots att de viktiga städerna har fallit, trots att baserna är sönderbombade och landet brinner så fortsätter motståndet. Vi hade lärt av Finland under 1930-talet.

**Det är alla dessa människor som jag tänker på.** Hade kriget kommit så hade min far kallats in. Han hade kramat om mig och min bror, sagt farväl och antagligen hade vi aldrig sett honom igen. Min mor hade hållit humöret uppe och tillsammans hade grannarna på Turbingränd gjort vad de kunnat för att göra sin plikt. Det är jag säker på. Hundratusentals ur min föräldrageneration hade uppfyllt sin plikt och fallit för Sverige.

Vi pratade aldrig om detta när jag var liten. Men något som var självklart var att Sverige skulle försvaras och att militärtjänsten skulle genomföras. Det var alla överens om då, i alla fall bland vanligt folk. Det må så vara att de inte såg den inre fienden, att de inte gjorde vad de skulle när politikerna svek och lade grunden för den situation vi befinner oss i idag. Men hade kriget kommit så hade de försvarat sitt land mot en övermäktig fiende i hopp om att ett hårdnackat motstånd skulle kunna hålla Sovjet stången.

Jag ser på mina föräldrar med andra ögonen när jag tänker på det. Jag betraktar fyrtiotalisterna med lite blidare ögon. Det fanns tillräckligt tåga kvar i dem för att vara redo att greppa vapnen om så krävdes. Bland dessa finns det många hjältar – hjältar som tack och lov aldrig behövdes. Kanske var också insikten om deras existens tillräckligt avskräckande för fienden. Jag vill tror det. Kanske såg man från andra sidan att svenskarna var redo; kanske sa underrättelserapporterna att svenskarna inte tänkte ge sig utan strid. Kanske fick det krigshetsare att tänka till och komma fram till att det inte var värt det.

**Också idag finns dessa hjältar**, det vet jag och jag känner några. De tränar varje dag för att kunna försvara Sverige om kriget skulle komma. De vet mycket väl att döden i en stridsvagn är fruktansvärd; de vet hur det moderna kriget skulle massakrera dem; de vet att vår beredskap inte är god och att den politiska styrningen av försvarsmakten på alla sätt är fördärvlig. Men trots det har de ställt sig till förfogande. De är redo att försvara Sverige och svenskarna om kriget kommer – hur än kriget ser ut.

Förutom dessa, som är soldater och nationalister i ordets rätta bemärkelse, så finns det många andra som helt enkelt inser att om man vill bevara freden så ska man förbereda sig på krig. Vår försvarsmakt består inte till större delen av politiskt korrekta fån. De flesta är anständiga och modiga svenskar som är beredda att bli hjältar om så krävs. Förhoppningsvis kommer inte heller deras tjänster behövas, även om risken för krigsliknande situationer ökar i Europa och Sverige med den förda politiken. Fienden är en annan än när jag var liten.

Jag tror att hjältarna finns där, i det svenska försvaret, redo att göra sin plikt. Redo att bli hjältar om nationen – folket – behöver dem. Försvarsmakten är en del av AB Sverige, så är det. Men soldaterna är fortfarande svenska män och kvinnor. Det är en bra grund de har. Glöm de fåtal som lyfts fram på grund av att de sticker ut och tänk på alla de som aldrig lyfts fram … nationens söner och döttrar som står redo att försvara Sverige. De förtjänar vårt stöd.

*JALLE HORN*
*21 november 2019*

# Hycklande journalister och äntligen en gnutta beröm till regeringen

**Tucholskypriset har delats ut till den kinesiske förläggaren Gui Minhai, som sitter fängslad i Kina. Regeringen har hotats av Kina p.g.a. evenemanget men för en gång skull stått upp för lite rätt. Svenska journalister som rapporterar om saken är dock som vanligt ute och cyklar – rakt ner i diket.**

Kina har hotat regeringen med brutna kontakter och inträdesförbud för svenska regeringsmedlemmar p.g.a. utdelningen av Tucholskypriset till den kinesiske bokförläggaren och dissidenten Gui Minhai. Gui har tidigare bott i Sverige och har en dotter här, så han har viss koppling till Sverige. Sedan några år tillbaka sitter han emellertid i kinesiskt fängelse p.g.a. sina publikationer.

När Gui nominerades för Tucholskypriset, som delas ut av svenska PEN, hotade den kinesiske ambassadören Sverige med diverse repressalier ifall kulturminister Amanda Lind ämnade närvara vid evenemanget. Helst skulle hon ordna så att Gui inte fick priset.

Nu var Amanda Lind där, priset delades ut till Guis dotter och kineserna fick stå med lång näsa. Regeringen ska ha beröm för att de inte böjde sig för påtryckningar den här gången. Nu ska det tilläggas att Kina har hotat andra länder vid liknande incidenter, bl.a. Norge i och med Nobels fredspris, och bojkotter av handel eller diplomati har antingen varit kortvariga eller uteblivit. Så regeringen tog väl ingen större risk. Kina är f.ö. inte någon av Sveriges största handelspartner.

**Men med tanke på hur oerhört svag och dålig** vår regering är fanns det oro för att den skulle vika sig på något sätt. Den här gången var ändå deras sedvanliga gummiryggar räta. Dock finns det en viss baksida när man vidgar perspektivet lite. Regeringen är väldigt morsk när det gäller att stå upp för andra länders dissidenter. Men den tål inte kritik av äkta svensk opposition, d.v.s. svenska nationalister. Dessa hotas av internettystnad, de får inte hyra lokaler för evenemang, de kallas extremister som har Säpos ögon på sig.

Svenska dissidenter – och de behövs, ty dagens Sverige har blivit ett slags förtryckarstat, om än inte av Kinas kaliber (än) – ska inte göra sig hörda, anser regering och deras anhang. Ett sådant anhang är just svenska PEN, som känner sig oerhört frihetliga när de delar ut Tucholskypriset men i samma veva gör vad de kan för att tysta svenska dissidenter. Hyckleriet är enormt.

Även tidningarna visar sig vara sanna hycklare i och med den diskussion som uppstod efter att den kinesiske Sverigeambassadören höjde tonen. Den här gången är det SvD som har trampat i klaveret. I en artikel om affären, före utdelningen, anklagar artikelförfattaren Kina för propagandan gentemot Gui och svenska debattörer. Hon citerar typiska meningar på ambassadens hemsida, t.ex. "Att belöna en brottsling är en ren fars" och "Anti-Kina lögner från vissa svenska individer och media".

SvD kallar det för hemsk propaganda. Men SvD ser inget större problem med handeln eller diplomatiska relationer med Kina, trots att landet är en kommunistisk diktatur som fängslar oliktänkande. Och framför allt: hur låter det när SvD nämner Trumps USA, Polen, Ungern eller diverse högerpartier i Europa. Då är alla förlöjliganden och okvädinsord tillåtna. Inte heller anklagar de svenska ministrar som uttalar sig nedlåtande om nämnda länder och grupper. Hyckleriet vet inga gränser för en blaska som Svenska Dagbladet.

I samma artikel skriver journalisten i fråga, Birgitta Forsberg: "Lek med tanken att en svensk ambassadör i Beijing skulle uttala sig som Gui Congyou gör och lägga sig i vad landets historiska museum gör. Skulle Xi Jinping nöja sig med att kalla upp diplomaten till UD?" Det är ju vettigt att göra en sådan tankelek.

**Det är något som ofta görs i alternativmedia**. Alla har vi sagt något i stil med: "Byt ut ordet svensk eller ungrare mot jude eller arab, hur skulle det då låta?" Men när det görs hånas minsann alternativmediakanalerna för löjlig retorik och SA-brun inställning. Själva ska de dock gärna få göra så. Än en gång måste därför konstateras: hyckleriet vet inga gränser.

Slutsatserna lyder: Viss ros till svenska regeringen i det här fallet, men lev som ni lär och bemöt oss svenska dissidenter med ärlighet och rättskaffenhet. De svenska journalisterna får däremot vanligt ris och följande uppmaning: släpp hyckleriet och bli ärliga människor en gång för alla.

*KRISTOFFER HUGIN*
*22 november 2019*

# Man kan inte vara lojal till två lag samtidigt

**Lojalitet sätts ibland på prov, och för den som har dubbla lojaliteter, vilket är påfallande vanligt i mångkulturen, blir det tydligt att man inte kan vara lojal åt två grupper när de båda hamnar i konflikt. Det fungerar varken i sportens värld eller i samhället i övrigt.**

Varje grupp utvecklar en identitet baserat på något gemensamt, oftast på genetisk likhet om man kokar ner det till det mest grundläggande.

Inom sporten är detta kanske inte riktigt lika tydligt som förr, när identiteten och lojaliteten till ett lag kan vara väldigt löst förankrat jämfört med identiteter som har en större betydelse. Men icke desto mindre är den gemensamma faktorn hos lagsupportrar att de känner sig som en del av samma lag, vilket skapar en identitet som särskiljer dem från alla andra lag.

Man kan således inte byta ut lagets identitet mot ett annat och förvänta sig att supportrarna stannar kvar. Spelarna inom laget kan däremot komma och gå men det måste existera något mer grundläggande för att identiteten ska bestå, oftast en förankring till det lokala i form av den stad eller stadsdel som laget bildades i.

Det faktum att vissa hävdar att de håller på två lag ställs alltid på sin spets när dessa två lag möts och bara det ena kan vinna på bekostnad av det andra. Nu kan det visserligen bli oavgjort inom lagsporter och det är inte en kamp på liv och död, men låt mig omvandla sportmetaforen till evolutionspsykologi i stället.

Nu har vi i stället två stammar av olika ursprung som ska slåss till döden och bara ett av dem kommer gå segrande ur striden medan den andra utplånas. Kommer då någon stå vid sidan av och säga "jag hejar på bägge" eller att man "hejar på den som vinner"? Nej, det är inte särskilt troligt och jag ska förklara varför.

### Människor bildar grupper naturligt

Mänskliga grupper i fråga om raser och etniciteter bildas med genetisk likhet som grund. Detta har bland annat Frank Salter, J. Phillippe Rushton, Edward Dutton med flera forskat om och det finns studier som undersöker evolutionära begrepp såsom släktskapsselektion och reciprok altruism. Människor är helt enkelt mer benägna att bilda grupper med andra som de har mer gemensamt med, samt mest benägna att göra uppoffringar för medlemmar av samma grupp jämfört med medlemmar tillhörande andra grupper. Det finns undantag från denna regel men de är just undantag.

Viktigt för dessa grupper är sammanhållningen och sannolikheten att de håller samman är högre om dess medlemmar är genetiskt lika varandra, eftersom detta ökar harmonin inom gruppen. Det är på detta vis man instinktivt känner en samhörighet med andra människor, såsom när det gäller vänner och kärlekspartners, eller för den delen när man träffar svenskar utomlands.

För att få en sammanhållning som gör gruppen stark krävs även lojalitet i form av att individens intressen är underordnade gruppens intressen. Det är detta normer syftar till — brott mot gruppens intressen som hotar dess stabilitet och överlevnad bestraffas.

Att du genom altruism således gör en uppoffring för gruppen på bekostnad av dina egna intressen signalerar din lojalitet, ty om alla vore egoister skulle gruppen snart upplösas eller gå under.

Inför det stundande slaget krävs det således att du visar vilken grupp du känner lojalitet till. Säg att du står på god fot med bägge och att om du tvekar står du inför följande val:

- Stå vid sidan av och inte ta någon grupps sida
    Resultat: Du betraktas som en svikare eller i värsta fall som en förrädare av bägge grupper och kommer inte vara välkommen tillbaka oavsett vem som vinner. Detta för att en svikare är en onödig risk.
- Visa din lojalitet till någon av grupperna
    Resultat: Du blir betraktad som en förrädare av den ena gruppen men får den andra gruppens beskydd. Du tar således en risk att själv utplånas men kan även stå på den vinnande sidan.

Jämför man de två olika alternativen så inser man att den potentiella chansen att överleva i det första fallet är nära noll (eftersom du behöver gruppen för att överleva) men är teoretiskt femtio procent i det andra fallet. Således bör människan ha utvecklats för att dels vara en kollektiv varelse då vi inte överlever ensamma, dels för att utveckla en identitet som är knuten till den grupp vi är beroende av och som vi ingår i.

### Vilka implikationer får detta i den moderna världen?

Blod är nästan alltid tjockare än vatten. Detta får implikationer när man analyserar sådana begrepp som Sverigedemokraternas "öppen svenskhet" som påtalar att vem som helst kan bli svensk, bara man delar våra värderingar och traditioner. Detta funkar bara på individnivå men inte på gruppnivå. Inom politiken existerar även begreppet "dubbla lojaliteter" eftersom det är välkänt att detta kan leda till korruption och konflikter.

Att vi har en uppsjö etniska intresseföreningar i Sverige är ett tydligt tecken på att samtliga dessa betraktar sig själva som egna grupper med egna intressen som ställs i konflikt med de etniska svenskarnas intressen. Vi har makten och resurserna som de vill åt för att gynna sig själva.

I praktiken innebär detta att när allt fler ska dela på allt mindre kaka så trumfar blod direkt grunda identiteter såsom medborgarskap; varför finns det annars serbokroatiska, somaliska och afrikanska etniska intresseföreningar om samtliga dessa är "svenskar"? När man tvingas välja sida så väljer således människor med intakta instinkter ras och etnicitet före andra identitetsmarkörer. Det är bara vita människor som inte tillåts göra detta under premissen att det då plötsligt är "rasism".

Således – man kan inte heja på två lag samtidigt om dessa möts, och i det mångkulturella samhället möts de hela tiden. Bara så länge resurserna räcker till kan dessa hindras från att slåss till döden när deras överlevnad står på spel och då kommer lagens respektive identiteter utkristallisera sig glasklart. Se till att du befinner dig på rätt sida från början. Det är nämligen ingen slump att förrädarna hamnar längst ner i Dantes inferno.

*MAGNUS SÖDERMAN*
*22 november 2019*

# När tar anpassningen till vänsterliberalismen slut SD?

**Sverigedemokraternas landsdagar pågår och partiet ska nu göra stora förändringar i grundläggande principfrågor. Det lilla partiet har växt till sig och växt upp. Nu vill man bli ännu större och då gäller det att släppa de obekväma principerna.**

Det är uppochnedvända världen när den "kristna" tidningen Världen idag på ledarplats konstaterar att SD stått upp för värdefrågor som kyrkorna sedan länge släppt. Skribenten Jonas Adolfsson slår huvudet på spiken då han skriver:

"Den inre övertygelsen var uppenbarligen inte stark nog, tron på Sveriges kristna värderingsarv inte omutlig när det kom till kritan."

Ett stor mått av självkritik uppbådar han också, och visar den totala absurditeten som rådet i Sverige under flera årtionden vid det här laget:

"Ett märkligt förhållande har uppstått där den kristna kyrkan tigit om nämnda kristna värden medan SD – ett parti som alltså förkastats i olika sammanhang – försvarat dem. Vi som förväntades tala har tigit, medan det parti man minst hade väntat sig har talat."

Det är inte bara tron på den svenska kristendomens värderingsarv som SD backar inför, under landsdagarna i Örebro kommer de också att dagtinga med grundläggande nationalistiska principer. Allt för att få mer makt och nå ut till nya grupper. SD slutar vara ett parti med själ och förvandlas till en makthungrig maskin. SD följer i kyrkans hjulspår kort sagt.

När upplevelsen är att massan (pöbeln) har glidit för långt bort från de gamla principerna som vägledde, så anpassar man sig. I kyrkans fall är det oförlåtligt. Om man säger sig följa Kristus så kan man inte sträva efter att accepteras av världsordningen, tvärtom är löftet från frälsaren att alla som följer honom och tar sin tro på allvar kommer att hatas av världsordningen. I Sverigedemokraternas fall börjar vi närma oss gränsen för vad som är oförlåtligt.

**Det politiska spelet kräver att man är pragmatisk** och beredd att kompromissa. Särskilt sant är det i en liberal demokrati som den vi lever i. Framförallt när politiken som förts till den milda grad slagit sönder sammanhållningen hos folket och skapat en extrem polarisering där varje liten fråga är avgörande och ses som ett axiom. Att Sverigedemokraterna i detta måste vara beredda att anpassa sig är inte underligt eller upprörande.

Det är det däremot om man väljer att (redan på förhand också) skala bort och kompromissa med grundläggande principer eftersom man tror att de kommer försvåra möjligheten till makt framöver. Den ideologiska stringensen förvandlas till ett moras av inget annat skäl än att det visar sig alltför ansträngda att försvara principerna man en gång lockade med. SDs alltmer vänsterliberala ungdomsförbund (toppstyrt och underställt partiledningen) har gnällt om att det är svårt för dem att argumentera för dem gentemot unga väljare under valrörelsen.

Hilda Frick, som gick från Feministiskt initiativ till Ungsvenskarna där hon nu är Jämställdhetspolitisk talesperson, har surat på Twitter om att hon tvingats försvara åsikter som hon inte står för. Ungsvenskarna kom fram till analysen att partiets grundläggande värderingar gjorde det "omöjligt för dem [unga väljare] att rösta på oss".

Alltså måste de grundläggande värderingarna som utgjort partiets fundament och unika särställning i svensk politik bort. Partiet ger upp då företrädarna inte kan argumentera för politiken på ett tillfredsställande sätt. Kanske borde man inte lyft fram företrädare som uppenbarligen inte stod upp för politiken från första början? Det som händer är dock naturligt. SD har sakta men säkert liberaliserats genom åren och därför lockat till sig medlemmar som då passar in, vilka sedan liberaliserar partiet ännu mer. En nedåtgående spiral uppstår och frågan måste ställas: när kommer anpassningen ta slut?

**Ytterligare en intressant aspekt i detta** är att SD i grund och botten har fel. Det stämmer inte att den massa man låtsas anpassa sig till faktiskt är våldsamt negativ till de principer man under landsdagarna kommer att stryka. På sin höjd är gemene man ointresserade av abortgränsen eller dubbla medborgarskap och sambeskattning har de flesta bara en vag uppfattning om vad det innebär. Det Sverigedemokraterna gör – när de nu låter unga vänsterradikaler stöpa om partiet – är att anpassa sig till motståndarnas idéer och ideologier. Man kastrerar sig själva och dödar det unika med partiet. Man gör sig till en skådespelare i den fars som pågår, och man gör det helt medvetet.

SD vill ha ett "konservativt" block i Sverige. Men det finns inga konservativa partier att bilda detta med. M och KD har sedan länge anpassat sig till vänsterliberalismen och nu gör SD det samma. De sista spåren av konservatism suddas bort när man ger upp kravet om att homosexuella inte ska få adoptera barn.

Det är på grund av svensken som SDs vänsterliberaler vill kastrera partiet. Det måste den fullt normala Sverigedemokraten förstå. De vill göra det för att attrahera sina likar. Hilda Frick et consortes vill att hennes åsikter ska bli partiets. Hon gillar det moderna och progressiva: fri abort, hbtq med mera, så partiet måste ändra sig. Hon är inte ensam.

Av olika skäl vill många i SD slakta principerna. Somliga för att de i grund och botten inte är Sverigevänner, andra på grund av att de tycker det är jobbigt att läsa på så det kan argumentera för sig. Ytterligare andra eftersom de egentligen bara bryr sig om att få makt, kosta vad det kosta vill. Oavsett bevekelsegrunder sammanstrålar de vid målet.

**Hade SD haft principer som de unisont stod för** och trodde på så hade de valt en annan väg. De hade varit beredda att vänta på makten med insikten om att den inte är värd något om man kompromissat bort sig själv på vägen till den. Partiet hade satsat resurser på att utbilda sina företrädare ordentligt, så de i sin tur kan känna sig trygga i att de kan försvara och argumentera för politiken de står för. Därtill hade man satsat på att folkbilda på bred front och inte överlämnat allt åt Dick Erixon och Samtiden.

Media, tankesmedjor och folkrörelsen måste föregå – eller i vart fall arbeta jämsides med – partiet. Inte tvärt om. I alla fall om man vill en verklig förändring på djupet. Det om något borde historien ha lärt SD.

Varför vann socialdemokratin Sverige? På grund av arbetarrörelsen. Varför förlorade Bonderörelsen? Medan arbetarna kunde vara lediga och ägna sig åt ideologi, parti etc. på helgerna så arbetade bönderna på fälten. Deras författare var få, deras möjligheter till fördjupad folkbildning hopplöst eftersatt. Inte heller Unghögern verkade förstå behovet av en bred och djup folkrörelse och den nationella rörelsen har missat målet gång efter annan. Man måste börja i rätt ända om man vill förändra i grunden.

SD har haft (har fortfarande) den möjligheten. De skulle kunnat bygga en bred nationalistiskt folkrörelse som förklarade varför deras principer var rätt. Men det lät man bli och inget tyder på att tanken ens slagit dem. Att Karlsson ska driva en "konservativ tankesmedja" går inte att ta på allvar.

**Men vi ska inte misströsta nu när SD** gröper ur sig inifrån och skalar av sig utifrån. De blir ett parti i mängden. Folkrörelsen får vi bygga själva. Det pågår i detta nu och samtidigt som Det fria Sverige tar på sig ledartröjan i detta arbete ska vi använda och utnyttja de få kvarvarande metapolitiska fördelar vi kan dra av Sverigedemokraternas fortsatta framgångar. Framförallt ska vi appellera till alla de goda svenskar som i SD ser en väg framåt, så att de också när partiet svikit dem inser att det finns hopp om framtiden.

*JOHAN SVENSSON*
*23 november 2019*

# När tar anpassningen till vänsterliberalismen slut SD?

**Är humorn ett vapen, eller kanske rentav den enda tillflyktsorten för att orka med världens alla galenskaper?**

Hör ni, jag vill prata allvar med er. Dra hit en stol. Sitter ni bekvämt? Har alla kaffe? Vad bra. Jo, det är så här… Gravallvaret är vår fiende. Man kan vara hur storhjärnad som helst och ha intressanta idéer som förtjänar att höras, men utan ett effektivt sätt att nå ut med sina idéer kommer man ändå att stå sig platt. Humor inom politik och samhällsdebatt är att leverera seriösa budskap i lockande, färggranna paket. Vänstern har ingen humor. Inte egentligen. Alla komiker (förlåt; "komiker" menar jag) som du hör på radio och ser på TV är godkända av etablissemanget och det är samma gamla trötta skämt som vevas om och om igen. Vänstern kan definitivt inte mema heller. Har ni sett vänsterns memer? Nej just det.

Några av de tråkigaste människorna jag har haft oturen att träffa har det gemensamt att de är unga vänsterkvinnor. Allt är politik. Allt är allvar. Allt ska problematiseras och analyseras. "Skaffa dig en analys", fräser de surt när de stöter på någon som har mage att inte hålla med dem. Så sitter de där med munnarna surt ihopsnörpta, redan i unga år förbittrade av feminism och offerkultur.

Jag kommer nog (tyvärr) aldrig att glömma de unga tjejer som satt i vårt camp på Roskildefestivalen en kväll för många år sedan som på fullaste allvar diskuterade huruvida all stötande musik skulle förbjudas. De satt och nickade i samförstånd och tyckte att det var en så otroligt allvarlig fråga. Jag satt med öppen mun och lyssnade på deras verklighetsfrånvända svammel i säkert tre minuter innan jag reste mig upp och bytte musik på stereon. De uppskattade inte Eddie Meduza, så de gick.

**Humor slår uppåt. Varför?** Det bara är så. Vi är inte kodade för att skratta åt en makt som sparkar neråt. Varför är till exempel humorn i Sveriges Radio inte rolig?

Det är för att de sparkar neråt. Röstar du på SD, Medelsvensson? Då är du en obildad gris som bara är värd dina härskares spott och spe. De ifrågasätter inte tingens ordning. De levererar kruttorr kritik av borgerliga partier och SD. Med andra ord allt annat än edgy och allt de säger är så plågsamt förutsägbart och tillrättalagt. De kritiserar inte makten – de är maktens och samhällsordningens lydiga megafoner som kritiserar de personer och rörelser som på allvar vill förändra samhället och stå emot vår moderna tids värsta globohomoexcesser.

Humor kan aldrig vara uppfostrande för humorn är oregerlig till sin natur. Kan ni tänka er ett humorprogram på en radiokanal i DDR? Nej precis. Däremot fanns det gott om skämt som folket i DDR berättade för varandra (och hoppades att Stasi inte skulle höra). Ett favoritexempel: "Det finns folk som berättar skämt. Det finns folk som samlar på skämt och berättar dem. Och så finns det folk som samlar in folk som berättar skämt".

Den nationella och populistiska högern har inte uppfunnit den politiska humorn men sannolikt har ingen annan rörelse gjort den till en så självklar del av sitt sätt att vara, i allt från trollning, till memer, till ett sätt att prata både inom och utom gruppen. Speciellt alt right-rörelsen har gjort detta till sitt signum. Alternativ för Sveriges torgmöten präglades av stora mått av humor. Det var många skratt och dråpligheter som präglade kampanjen. Bara en sådan sak som att sätta upp en avgångstabell för återvandringsflygen med förinspelade utrop. Jag kunde knappt tro mina ögon och öron första gången jag såg och hörde det. Jag skrattade högt och jublade av förtjusning tillsammans med alla andra på deras torgmöten. Ny Demokrati hade på sin tid humor som en extremt effektiv motor i sin kampanj och lyckades kriga sig hela vägen in i Riksdagen på bara nio månader med humorn som vapen.

Som en bjärt kontrast är det bara att titta på de två stora partierna i Sverige, Socialdemokraterna och Moderaterna. Humor spelar ingen roll alls i dessa gråa bjässar eller betraktas till och med som oseriöst och riskfyllt. Visst, Håkan Juholt var ett välkommet avbrott, men den mesta av hans humor var med handen på hjärtat ofrivillig. Hanif Bali bjuder väl på en del humor, men det ses inte på med blida ögon av partiledningen. Etablissemanget hatar humor. De avskyr att vi drar ner byxorna på dem och visar att de är förljugna fjantar. Hur vågar ni skämta om oss; vi, era uppburna härskare?

**Historien ger otaliga bra exempel på humor och satir** som använts inom politiken. Den franske kungen Ludvig Filip I (Louis Philippe d'Orleans, 1773–1850) var en mycket impopulär monark. Hans styre präglades av en omfattande korruption. Hans tid som regent sammanföll med den industriella revolutionen i Frankrike på 1830- och 40-talen. Denna omvälvning av samhället skapade fattigdom bland arbetarna, för vilka den korrupta kungen blev den yttersta symbolen för deras försämrade levnadsvillkor. Journalisten Charles Philipon fångade missnöjet tillsammans med satirtecknaren Honoré Daumier år 1831. De karikerade den välgödde kungen så som ett svällande päron; en mem som givetvis föll folket i smaken. Hela hans kropp och speciellt hans ansikte var avgjort päronformade. Han blev "Kung Päron" i folkmun. Det kan tyckas överflödigt att påpeka det, men kungen var inte road. Faktum är att han blev ursinnig och krävde en ursäkt av upphovsmakarna. Philipon och Daumiér fick krypa till korset och publicerade en skriftlig ursäkt – med texten i form av ett päron. Ludvig Filip kom ett par år senare under sin regeringstid att avskaffa tryckfriheten.

Varför är det då så attraktivt med humor? Det finns väl få saker som är så akut humorbefriat som att analysera humor men här kommer trots allt ett kortfattat försök. Sannolikt beror det helt enkelt på följande: humor är ett osvikligt tecken på intelligens.

Tänk efter. Hur många dumma människor känner du som är roliga? Jovisst, de kan vara festliga på ett ofrivilligt dratta-på-ändan-sätt men riktigt roliga? Humoristiska? Det är de intelligenta personerna du känner som är roliga. Det krävs en hyfsat god allmänbildning, kvicktänkthet och förmåga att vrida och vända på perspektiv och landa i oväntade slutsatser för att skapa humor. Därmed kommer den nationella högern också att locka till sig rätt sorts människor med sitt bruk av humor. De som är för humorbefriade, tillrättalagda och trögtänkta kommer helt enkelt att sortera bort sig själva då de inte förstår skämten.

**Vi hittar ständigt nya saker att skratta åt.** Dråpligheter från meningsfiender, absurda händelser i denna vår clownvärld och så vidare. Om man inte förmår skratta åt eländet och använda skrattet till sin fördel så är man helt enkelt inte relevant i det nuvarande året. Alla narrativ går i en häpnadsväckande hastighet idag. Du har i regel ett par ögonblick på dig att skapa intresse och nå ut med det du vill säga innan mediacykeln har gått vidare. Få saker är då så effektiva att använda sig av som humor för att skära igenom bruset. Om du tycker att något är roligt, oavsett varför du tycker att det är roligt (det kan vara för att du håller med i det som uttrycks eller för att du tycker att det är kittlande och tabu) så går det inte att värja sig. Har du väl fnissat åt något så sitter det där i hjärnan.

Skräckexemplet på en humorlös politisk rörelse måste vara den testuggande, ständigt allvarstyngda och därmed djupt omänskliga 68-vänstern. Den gamla boomervänstern är inte längre relevant och står och stampar, bland annat för att den är så humorbefriad. Vill du vara relevant och förändra kulturen så måste du ha skrattarna på din sida. Den danske filosofen Sören Kierkegaard beskriver i en kort essä hur han går gatan fram tyngd av livets allvar. Så talar Gud till honom och säger att han för att göra Kierkegaard lycklig ska uppfylla en önskning för den olycklige filosofen. Kierkegaard tänker intensivt och svarar sedan att han önskade att han alltid hade skrattarna på sin sida. Gud är tyst men sedan brister hela världsalltet ut i ett gapskratt åt Kierkegaard. Filosofen går således nöjd hemåt, ty vilket annat sätt hade Gud kunnat svara på?

Humorn är en positiv och kreativ ventil istället för trubbig, uppdämd ilska. Visst, även ilskan har sin tid och sin plats men vem vill väl gå omkring och vara arg hela tiden? Det finns det ingen som orkar med. Det gäller att ta tillvara på energin som springer ur ilskan och vända den till något positivt. Att använda kraften till att skapa något som kan förändra situationen. Klarar man inte att göra det så kommer man ofelbart att bli frustrerad, bitter och svartpillrad och därmed också extremt oattraktiv. Ingen kommer vilja veta av dig, vare sig normisar eller vänner.

Sammanfattningsvis kan man säga så här: som politisk rörelse kan man välja om man bistert vill hasa fram under samma gamla dammiga fanor som alltid med mungiporna hängande som slacka segel utan vind och ansikten som gjutna i betong. Eller så kan man välja att dansa vägen fram och rycka med folk i dansen.

Jag vill dansa. Vill du, kära läsare?

*JALLE HORN*
*25 november 2019*

# Geijers odalbonde

**Erik Gustaf Geijers dikt Odalbonden är en av de mest kända dikterna i Sverige. Den skrevs 1811 under hans götiska period och trycktes i Götiska förbundets första nummer av tidskriften Iduna.**

Geijer målar i dikten upp en idealbild av den svenska fria odalbonden, d.v.s. en bonde vars släkt äger en bit mark och som därför är fri och självständig. Det är poesins storartade kraft som gör att Geijers bonde är lite av den bonde vi föreställer oss som typisk svensk person i äldre tid: kraftfull, självständig och säker på sin rätt. Givetvis är verkligheten mer komplicerad än så, men samtidigt finns det mycket sanning i dikten. Som idealbild av en ståndfast svensk är dikten lysande.

Odalbonden är väl rotad i sin mylla, färgad av förfäders svett och blod. Därför är han också säker på sin rätt och sin plikt, både moraliskt och juridiskt. Dessutom gör det honom säker på vem han är och vad han är duglig till.

På typiskt svenskt vis gör han sig inte till och försöker ge sken av att han är något mer än vad han är. Och på lika svenskt maner är han nöjd med sin lott. Hemmet och hemkänslan gör honom stark och bra.

**Ur poetisk synvinkel är dikten intressant** såtillvida att Geijer har anpassat rytm, ton och ordval efter den handfasta, satta, superstabila odalbonden. Det är ingen direkt skönsång utan dikten är ganska trägit och styltigt framförd av bonden. Versrytmen är inte så lite knagglig. Men det har samtidigt sin charm, för bonden gör som sagt inget väsen av sig att vara lärd eller poetiskt lagd. Han är kort och gott ett stycke jord, som en annan gnom.

Trägheten och jordfastheten märks också i hans inställning till saker och ting. Han litar inte vatten, ära och äventyr lockar honom inte, inte heller färgsprakande tillställningar. Han är som jorden, evig, för när han dör tar hans son vid, och dennes son och så vidare. Han är en sann stoiker fast av naturen lärd. Det är klassiska svenska drag.

En tysk elev (en vuxen) frågade mig en gång varför svenskar inte är särskilt stressade på det sätt tyskar kan vara. Svaret finns i Geijers dikt Odalbonden.

Det första ordet "å" betyder förstås "på". I äldre svenska sades ofta "upp å" och med tiden fastnade p:et på å:et varmed vårt "på" kommit till. Men för några hundra år sedan hette det kort och gott "å" eller "upp å".

**Odalbonden**
Å bergig ås, där står mitt hus,
högt över skog och sjö.
Där såg jag första dagens ljus,
och där vill jag ock dö.

Må ho, som vill, gå kring världens rund:
vare herre och dräng den det kan!
Men jag står helst på min egen grund
och är helst min egen man.

Mig lockar icke ärans namn.
Hon bor dock i mitt bröst.
Min skörd ej gror i ryktets famn.
Jag skär den lugn var höst.

Den jorden behärskar har tusende ben
och väl tusende armar därtill.
Men svårt är dem röra — min arm är ej sen
att föra ut, vad jag vill.

Jag tror ej böljans falska lopp,
som far förutan ro.
Den fasta jord, hon är mitt hopp,
hon visar evig tro.

Hon närer mig ur sin hulda barm
den tid, som mig ödet gav.
Hon fattar mig säkert, hon håller mig varm,
då jag dör, uti djupan grav.

Ej buller älskar jag och bång.
Vad stort sker, det sker tyst.

Snart märks ej spår av stormens gång,
av blixten, sen den lyst.

Men tyst lägger tiden stund till stund,
och du täljer dock icke hans dar.
Och tyst flyter böljan i havets grund;
fast regnbäcken skrålande far.

Så går ock jag en stilla stig:
man spör om mig ej stort.
Och mina bröder likna mig,
var en uppå sin ort.

Vi reda för landet den närande saft.
Vi föda det — brödet är vårt.
Av oss har det hälsa, av oss har det kraft,
och blöder det — blodet är vårt.

Var plåga har sitt skri för sig,
men hälsan tiger still;
därför man talar ej om mig,
som vore jag ej till.

De väldige härar med skri och med dån
slå riken och byar omkull;
tyst bygga dem Bonden och hans son,
som så i blodbestänkt mull.

Mig mycken lärdom ej är tung,
jag vet blott, vad är mitt.
Vad rätt är, ger jag Gud och Kung,
och njuter resten fritt.

De lärde, de rike, de bråka sitt vett
att röna, vars rätt som är god.
Mig ren är den rätt, som man värvt med sin svett
och som man värjt med sitt blod.

Jag går ej stadigt stugan kring;
ty blir mig hågen varm,
jag vandrar upp till Svea Ting
med skölden på min arm.

Med mång' ord talar vår Lagman ej
för kungen i allmän sak.
Men kraftigt är allmogens Ja eller Nej
under vapnens skallande brak.

Och om till krig Han uppbåd ger,
så gå vi man ur gård:
där Kungen ställer sitt banér,
där drabbar striden hård.

För älskade panten i moders famn,
för fäder, för hem vi slåss.
Och känner ej ryktet vårt dunkla namn,
Sveakonungar känna oss.

— — —

Så sjunger glatt vid sprakande spis
i den kalla vinterkväll
den gamle man uppå bondevis
med söner sin' i sitt tjäll.

Han sitter och täljer sin ålders stav.
Må hans ätt ej i Sverige se slut!
Väl bondens minne sänks uti grav;
men hans verk varar tiden ut.

*MAGNUS SÖDERMAN*
*25 november 2019*

# De svagaste svenskarna förlorar när kommunerna nu prioriterar utlänningar

**Enligt en kartläggning som SVT har gjort visar det sig att varannan kommun är i färd med att dra ner på utgiftsområdena funktionshinder samt individ- och familjeomsorg. Försörjningsstöd till utlänningar påverkas dock inte, så nitlotten dras av de svagaste svenskarna.**

En kommun som måste spara är Bengtsfors. 25 miljoner handlar det om under 2020 och det beror på en enda sak – massinvandringen. Detta sticker inte kommunchefen under stol med utan säger till SVT: "Jag tror att det finns två orsaker. Vi har varit generösa och tagit emot många nyanlända, men i grunden så är det också ett demografiskt problem. Vi har en åldrande befolkning och kommunen krymper."

Även om massinvandringen till Sverige är den direkta orsaken till att barn med funktionshinder, äldre och sjuka kommer få det ännu sämre i Bengtsfors, har kommunchefen också rätt i att demografin lurar i bakgrunden. Svenskens ovilja att bilda familj såväl som att man överger hembygden för storstaden lämnar utrymme för argumentet "vi behöver invandring". Att det inte handlat om arbetskraftsinvandring utan så kallade "flyktingar" som enkom belastar välfärdssystemen låtsas man inte om. En driven ingenjör från Ukraina är något helt annat än en outbildad "flykting".

### De direkta följderna

Boende i Bengtsfors kommer snart att få känna på de direkta följderna av den åtdragna svångremmen. Bland annat stänger kommunen ett LSS-boende såväl som en daglig verksamhet för psykiskt funktionshindrade. De får väl klara sig själva, eller slussas iväg någon annan stans. Elevhälsan sparar man på (unga är ju oftast friska ändå) och förskolan förlorar 2,5 miljoner (unga är ju anpassningsbara).

När snön sedan kommer så blir det till att invänta ett ökat snödjup innan kommunen skickar ut snösvängen (bilförarna får väl skaffa bättre däck och bilar) samtidigt som gatubelysningen kapas med 20 procent (svensk vinter är ljus nog). Tro nu inte att det bara är befolkningen som känner av det. Politikerna sänker sina egna arvoden också – tar ansvar kanske de säger. Hur mycket? Med fem procent. Lyft på hatten i tacksamhet nu alla Bengtsforsare.

Kommunen fortsätter också att tro att de kan få "flyktingarna" i arbete. Åtgärden för det: enheten för integration med arbetsmarknad och enheten för försörjningsstöd slås ihop. Tre miljoner sparar man och fler utlänningar kommer få arbete – tror man.

### Man fick som man röstade
I Bengtsfors – precis som i alla andra kommuner – samt i hela riket har svensken fått precis det de röstade för. Det duger inte att att komma och knorra om man lade sin röst på Sjuklövern i senaste valet. Faktum är ju att de flesta svenskar borde vara glada och nöjda. Att det skulle bli som det nu blir stod ju skrivet på väggen.

Om vi ska tala klarspråk så är det så här: om en far och mor i Bengtsfors nu tvingas se hur deras barn far illa när kommunen sparar på resurserna så ska de ha i åtanke att det är deras fel (förutsatt att de röstade på Sjuklövern).

Svensken har inte varit naiv; svensken har inte blivit lurad. Svensken har varit egoistisk, feg och släpphänt. De har varit behjälpliga med att lyfta den politik och världsåskådning som offrar deras barn, äldre och sjuka för att massinvandringen ska upprätthållas och folkutbytet fortsätta.

Det är samma överallt: Filipstad, Kramfors, Bengtsfors och så vidare. I kommun efter kommun har folket röstat för samma gamla vanliga. De har stängt dörren om sitt hus och låtit politikerna göra som de velat. De har inte sagt något utan gjort om samma vart fjärde år. De har ignorerat verkligheten och förklarat bort konsekvenserna. En ohelig treenighet där kommuninvånarna, politikerna och lokalmedia gått hand i hand för att metodiskt göra det lite sämre hela tiden för alla ... utom för utlänningarna.

### Ingen förnekar massinvandringens skuld
För några år sedan fanns det många som fortfarande argumenterade för att "vi tjänar på invandringen" och att "det är en vinst för kommunerna att ta emot många flyktingar". Idag är det ingen som säger det – i alla fall inte så många att det ger utslag statistiskt. Och de som fortfarande gör det har "hästar i loppet" så att säga.

Det kan vara vänsterblivna kärringar som blir sexuellt tillfredsställda av sina "barn" från Afghanistan; det kan vara entreprenörer och företagare som vet hur man tjänar pengar på situationen; det kan vara ideologiskt övertygade vänsterliberaler eller bottenlöst korkade Gutmenschen som samlar solidaritetspoäng på ledarsidorna. De hörs fortfarande, om än inte lika högt, som för några år sedan.

Alla andra vet och ser – om än i olika mån – varför det är som det är. För varje dag de inte tar de avgörande stegen och frigör sig mentalt från AB Sverige så är de fortsatt en del av problemet. Det är hårt, men sant. Att hoppas på Ulf, Ebba och Jimmie är att nära en vanföreställning som på intet sätt kommer att ge de resultat som man kanske hoppas på. Det duger heller inte att omvända sig under kniven, utan att erkänna sin egen skuld.

**Oppositionen måste fortsätta tala klarspråk**
Att opinionen har vänt – det har den gjort – och att allt fler ändå styrt in på en väg som är lite sundare och friskare beror på oss. Det är inte tu tal om annat än att alternativmedia såväl som olika nationella initiativ har krattat manegen för det skifte i opinionen (men också på ledarsidor och bland somliga politiker) som sker. Utan oss på barrikaderna genom åren hade vi inte varit där vi är.

Vi har aldrig låtit de ansvariga komma undan och vi har alltid krävt att vårt folk ska ta ansvar. Det har varit tröstlöst och kanske känts hopplöst. Men det har burit frukt. Allt opinionsarbete som utförts har bringat frukt; alla donerade pengar har gjort skillnad; alla timmar av nedlagd tid har lönat sig. Med det i bakhuvudet är det bara att köra på.

Det fria Sverige har till exempel blivit en viktig aktör inom oppositionen sedan föreningens tillblivelse för två år sedan. Viktig kan vara en underdrift – central är ett bättre och riktigare ord. Å ena sidan med anledning av Svenskarnas hus som möjliggör en kontinuitet av närvaro i det offentliga rummet samt en plattform för möten, konferenser och nätverksbyggande bortom internet. Den andra sidan av föreningens viktiga arbete är att den givit snart 2 000 svenskar möjligheten att vara med och skapa sin egen framtid, bortom det havererade AB Sverige.

Det finns en stark kraft bakom oss när vi talar klarspråk, när vi kräver att svensken ska ta eget ansvar och bygga det fria Sverige. Alla som är en del av oppositionen är också en del av denna viktiga uppgift: att inte låta någon komma undan. Företag ska inte komma undan när de sätter profit före svensk kultur och tradition; politiker ska inte komma undan den vanskötsel de är skyldiga till; massmedia ska inte komma undan lögnerna de saluför och gemene svensk ska inte komma undan den skuld de har. Förutom att påvisa alternativet som byggs och visionen om det nya fria Sverige – där kommunerna faktiskt investerar i sin egen befolkning – ska vi också säga att något är ont, då vi ser att det är det. Vanskötsel, ansvarslöshet, självviskhet – allt sådant fortgår oändligt om det inte avslöjas, hängs ut och ifrågasätts.

När din kommun nu drabbas, säg ifrån och kräv ansvar. Tala ut och var högljudd. Vi vet vad som måste till så låt oss hjälpa andra att förstå att nästa steg måste vara att internera, deportera och repatriera. Därtill måste vi också kratta manegen för en omdaning av samhället i stort, så att de misstag som gjorts inte upprepas.

*EVA-MARIE OLSSON*
*26 november 2019*

# Dagen då jag trotsade polismakten

**Med den nya blåljuslagen kanske Svegots krönikör hade dömts när hon trotsade polismakten 2014. En vandring ned för minnenas allé visar att saker kanske inte alltid är så enkla.**

Det är lite som om det har lossnat i Sverige, tungornas band har lossnat och än den ena och än den andre tar bladet från munnen. Det är nu som det går att erkänna att kejsaren är naken. Det låter:

"Vi har sett det komma, vi har vetat det hela tiden, vi har hela tiden vetat att det inte kommer att fungera".

I dessa dagar i detta nu dras draperiet för scenen ifrån, på scenen står de som inte vill vara sist på bollen och bli till idiot. Och allt detta såklart för att rädda sitt eget skinn.

Det vi får höra från "bekännelsens scen" är inte som en äkta självrannsakan, utan mer som ett bekännande under galgen, eller kalla det som ett läpparnas bekännelse. Det gäller för de falska spelarna att spela "smart", vinna sympati, och för partier gäller det idag att behålla "sina" väljare och såklart locka till sig fler. Huggsexan om makten kommer att accelerera parallellt med den idoga ansträngningen med att dupera folket man bevisligen föraktar.

Sverige blöder – folket "upplever" sin stad otrygg, alltså mannen och kvinnan på gatan är inte otrygga i veklitigheten utan svenska folket "känner" sig otrygga. Men, de som spränger och skjuter skjuter och spränger för mycket nu. Det är lite jobbigt i konungariket Sverige. "Vi" måste göra något: Integrera bättre, oftare, större och mer, svenskar måste ha förståelse. Personer från hela den politiska skalan allt ifrån höger till vänster, och däremellan liberaler, globalister, betongsossar och vänsterpartister, har under årtionden gjort gemensam sak med kändisar och halvkändisar, samt även spelat med i elakt spel tillsammans med personer och organisationer som hela tiden haft medial plattform att nå ut. Tyck som vi, annars: håll käften!

Svenskar måste undervisas och lära sig förstå att bli bättre och visa goda viljan och bo där integrationen behövs, det är den beska medicinen från makten och proffstyckarna. Så med det sagt lutar etablissemanget sig tillbaka i sitt (än så länge) vita isolat, medan de övriga av svenskar som kan flyttar ihop med de sina, precis som utlänningar Och makten gör. Det är som en evighetsmaskin…

**Det har från maktens boningar varit och är än idag** ett ständigt pågående tisslande och tasslande och agendasättande mot svenska folket, ibland självsäkert inför öppen ridå medan andra gånger i hemlighet och tysthet tills tiden är mogen att fälla en dissident. Det har varit och är ett idogt arbetande med att iscensätta karaktärsmord på sina egna landsmän, att karaktärsmörda de landsmän som inte tycker som etablissemanget gör i invandringsfrågor har blivit som den naturligaste sak i världen.

Tuffe Uffe (moderaternas partiledare Ulf Kristersson) gjorde i veckan avbön, han har varit med på tåget och smädat, baktalat och klistrat fula epitet på de som var lite snabbare i sin analys om det folkutbyte som sker mitt framför våra ögon. En del av etablissemanget går på som om vi som blivit karaktärsmördade inte fanns. Det en "ond" person sa för åratal sedan, är snart i var mans tankar och även i uttalade ord. Det passar in nu

"Nu knäcker vi kriminaliteten" sa Stefan, sen blev det som innan. Men många av oss svenskar vi vill ju ha det som innan "innan", innan de där utländska kriminella började att härja på våra gator och torg. Vi som för länge sedan sa vad vi ansåg om främlingsinvasionen vi blev laglösa, utfrysta, slagna, hånade och tillintetgjorda. Men, vi gav oss aldrig!

Men som sagt nu lossnar det och det skulle inte förvåna mig ett dugg ifall alla blickar snart ska fås att titta och peka unisont på statsminister Stefan Löfven, "Allt som gick fel i Sverige är ju Stefan Löfvens fel" kommer säkert de som håller i trådarna hävda, någon måste offras för att spelet ska fortsätta, så har det alltid varit, någon kommer att offras. Sen glömmer vi det, och satsar på öppen svenskhet och mer och fetare integration, av svenskarna.

**Ska vi tacka och ta emot när falska journalister** och den politiska gräddan låtsas att dom bryr sig om det svenska folket? Jag kan inte göra det. Inte för att jag har en skriven nedtecknad lista över de som gjort mitt land ont, som gjort mig ont, men jag minns. Jag kommer aldrig att förlåta de journalister som tills alldeles nyss idkat aktivism från sina redaktioner, jag kommer aldrig att lita på politiker som varit med om att ta beslut som gör att vi befinner oss i den situation vi är i.

Jag klappar inte händer och hoppar inte heller jämfota av glädje när riksdagen ska ta beslut om hårdare straff för de som kastar sten på polis, som stör eller oroar poliser, eller som oroar politiker och andra "viktiga" personer såsom journalister. Vi har väl alla sett bevis på att polisen är politisk då de motar bort fredligt folk från demonstrationer.

Vi har också sedan en tid fått bevisat för oss att när folket kontaktar de där "viktiga" agendajournalisterna via mail, då heter det att journalisten blev utsatt för hot, när det enda som dryftades var att informera dessa om vilken dålig journalistik de utför.

För polismakten är det mycket lättare att ge direktiv om att ge sig på en som inte bråkar än att ta i lag med våldsvänstern, och såklart väldigt mycket lättare att ge sig på den person som åkte på en spark istället för att föra bort och häkta den där skrikande sparkande funktionären vid islamistdemonstrationståget som gick längs med Malmös gator.

**Hur som, jag drar mig till minnes den gången**, våren 2014 då jag trotsade polisen. Det var snart dags för val till EU-parlamentet, jag var politiskt aktiv och dagen var vikt för valarbete för Sverigedemokraterna. Denna gång var vi på Kirsebergs torg, det lilla torget var avspärrat med polisens plastband och utanför avspärrningen stod tre unga kvinnor och ville ha valmaterial. Där stod vi fyra och pratade i lugn och ro med varandra, riktigt trevligt var det men under tiden smög personer från våldsvänstern sig närmre.

De tre kvinnorna tackade för materialet och jag gick, då fick jag för mig att vända mig om för att kontrollera att allt var i sin ordning, det var det inte. Nu var de tre omringade av spattiga vänstertyper, det såg illa ut. Polisbefälen som jag bad om hjälp var inte villiga att bistå dessa tre unga kvinnor som nu var hårt ansatta av våldsvänstern. Då tog jag lagen i egna händer.

Med raska bestämda steg gick jag de nödställda till hjälp, lyfte på avspärrningen och sa: kom! Nu går vi och tar en kopp kaffe. Då kom polisen och hotade mig! "Det är olagligt att bryta avspärrningen", jag å min sida sa till honom att i nödläge gäller inte avspärrningen, nu gällde det liv eller död för de tre jag hjälpte, och eftersom polisen inte rörde ett finger för undsättning så fick jag göra deras jobb. Så gick vi fyra och drack kaffe.

Summa summarum, vad tror ni hade hänt om jag gjort detsamma, och den nya lagen trätt i kraft? Fri, eller fängslad?

*JELLE HORN*
*26 november 2019*

# Den totalitära vänstern – att bygga om hela samhället

**Miljöminister Isabella Lövin från Miljöpartiet vill bygga om hela samhället, och Sverige ska visa vägen genom att vara försökskanin. Men önskan att bygga om hela samhället är inget annat än vänsterns vanliga vision om ett totalitärt samhälle. Medlet heter idag klimatskrämsel.**

Sedan den franska revolutionens dagar har vänstern haft som ambition att ändra samhället i sin helhet. I Frankrike infördes på 1790-talet t.ex. metersystemet istället för traditionella mått baserade på kroppsdelar (tum, aln) o.d. Det kan sägas vara en del av upplysningsprojektet och har förstås sina fördelar. Men man gjorde också om kalendern, giljotinen gick varm för att kunna avrätta så många adliga som möjligt, ambition fanns att ersätta den kristna tron med ateism varför många kyrkor brändes ner, ett nytt lagsystem skapades o.s.v. Allt för att bryta upp människors levnadsmönster och omforma staten i grunden.

**Bryta ner och bygga nytt**
Efter skräckväldet och senare Napoleons fall återinfördes några av de gamla praktikerna, adeln överlevde och mycket återgick i viss mån till de gamla. Men ambitionen hade varit att bygga om hela samhället. Under den ryska revolutionen skedde liknande saker, fast mycket mer våldsamt, i Ryssland och Ukraina. Nu skulle rent av alla klass- och livsskillnader utrotas. Hela jordbruket skulle omställas i ett svep. Industrier skulle byggas för hel samhällsomställning, kulturen skulle formas för omställningens skull, storskaliga folkomflyttningar genomfördes och massavrättningar skedde. Människorna själva skulle stöpas om för det stora projektet.

I det socialdemokratiska Sverige har vi den sociala ingenjörskonsten med miljonprogrammens bestämda mått och enheter för allting, propaganda i teve för att bl.a. likrikta barnen, rivning av Klarakvarteren i Stockholm och liknande projekt runt om i landet, lobotomi, steriliseringar, tvångsanpassning av samer, omformning av skolgången m.m. Förändringarna skedde förstås inte så kvickt och våldsamt som i Sovjetunionen, men ändå var det så att många stora projekt inte skapades genom organiska processer utan genomfördes utifrån en bestämd politisk vilja.

### Grundstenen för vänstern

Det är för övrigt inte bara tiden för omställningar det kommer an på, det är själva inställningen: önskan att omforma samhället i sin totalitet varvid människor måste stöpas om och samhället byggas om i grunden. Därför är socialkonstruktivism och liknande idéer ledande hos vänstern. Om människan bara är ett oskrivet blad vid födseln, om allt hon lärt liksom hennes förmåga att lära bara är sociala konstruktioner som kan ersattes med annan kunskap och andra metoder, om hennes biologiska beståndsdelar bara är tillfälliga sätt att uppfatta varandra, om hela det sociala samspelet i samhället (grunden för en kultur) blott är flyktiga interaktioner som snabbt kan ersättas med något annat – då kan hon omformas på önskvärt sätt av den som önskar det tillräckligt hett.

Det är grundstenen för all vänsterideologi. Den finns latent i all form av liberalism eftersom den liberala människan alltsedan filosofen John Locke uppfattas som ett oskrivet blad, men det är främst när den liberala uppfattningen paras med önskan om en snabb, slutgiltig samhällsomvandling som alla människor ska anpassa sig efter (det förmår ju det oskrivna bladet, den socialkonstruktivistiska människan) som det tar skruv. Då har vi det socialistiska samhällsexperimentet. Då befinner vi oss hos den totalitära vänstern.

### Nya vänsterns sanna ansikte

Nu visar den nyaste vänstern sitt riktiga ansikte. Miljöminister Isabella Lövin har medverkat i en intervju i Expressen där hon medger sin syn på samhällsomställning: "Vi ska gå in i ett paradigmskifte. Vi ska bygga om hela samhället. Då kan man inte bara peka på en sak vi ska göra. Vi har en lång handlingslista."

Nu ger hon i intervjun inte några konkreta förslag som skulle resultera i full omvandling av samhället. Hon nämner bl.a. pelletpannor istället för oljepannor, vind- och solenergi istället för kärnkraft, tåg istället för flyg, vegetariskt istället för rött kött samt cykel och elbil istället för bensinbil.

Givetvis förringar hon en sådan sak som bensinpriset för privatpersoner: en kvarts pizza månaden. Man får inte glömma att samma parti ytterst kraftigt beklagar en familjs kostnader av samma storlek i andra sammanhang, t.ex. inträde på museer. Då är det en fruktansvärd kostnad. Men oavsett det nonchalanta förringandet innebär inte det höjda priset en total omställning av samhället.

Men hon utgår ifrån FN:s mycket tveksamma IPCC-rapport, vilken kommer med alarmistisk skrämselupplysning om miljön, maskerat med ordet klimat. Enligt rapporten måste de globala koldioxidutsläppen halveras till 2030 (vilket förstås inte kommer att ske eftersom Kina har fått dispens), och därmed har Sverige en väsentlig roll att spela, menar Lövin. Sverige ska bli världens första fossilfria välfärdsland. Stora omställningar måste göras inom transporter, industri, jordbruk, produktion och konsumtion.

### Totalitärt som vanligt

Tillsammans med den drömmande föreställningen om tillväxt, växande "grön" ekonomi m.m. visar hon här i de stora dragen på omställningskrav för större delen av samhället. Allt är maskerat med sköna eller viktiga ord, men det handlar likväl om total omställning av de flesta delar av människors liv. Därmed är visionen totalitär.

För vad händer när kraven ökar på fossilfrihet samtidigt som ett land som Sverige har sjabblat med elproduktionen? Vad händer när ett folk eller land sitter i händerna på andra energiproducenter såsom har hänt Ukraina, eller när vi p.g.a. klimatalarmistiska krav betalar globala skatter och lyder under bestämda globala lagar? Hur ska hela samhället kunna byggas om, med Lövins ord, utan att bestämda grupper och organisationer får oerhörda maktbefogenheter? Precis som det var under franska skräckväldet på 1790-talet eller allehanda kommunistiska länder på 1900-talet.

Hur kontrolleras vi inte då? Och varför skulle inte en sådan organisation (de som styr energiresurser, bestämmer globala lagar, upptar globala skatter) besluta om massförflyttningar av folk eller nedläggning av verksamhet på bestämda platser, kräva än högre skatter och avgifter o.s.v. om de tycker att det är lämpligt för helheten, för det totalitära samhället? Det är ju bara att rättfärdiga åtgärder med "planetens bästa".

Det är i längden den totalitära vänsterns samhällsvision.

*MAGNUS SÖDERMAN*
*27 november 2019*

# Matliknelserna är ett hån mot den strävsamma svensken

**Är det inte komiker som jämför svenskens kostnader för massinvandring och mångkultur med läskedryck så är det statsråd som använder pizza som liknelse. Vad det är egentligen är ett hån från översittare.**

Mitt under den stora vågen av så kallade "flyktingar" som kom till Sverige – ni minns kanske hur Stena Line öppnade bogportarna och hundratals vandrade av i Trelleborg, varje dag – så gick den vänstervridna komikern (ett skämt är han i vart fall) Henrik Schyffert ut och slog till med storsläggan mot alla oss som anmärkte att detta inte kommer att hålla ihop. Han skrev på Facebook:

"Det kostar oss alltså två quattro stagionis, en stor Fanta och ett Netflix-abonnemang att rädda livet på 80 000 människor i år. Det är inte dyrt."

Nu slutade det inte med 80 000 personer och slår vi samman saker och ting över tid samt tar med alla de övriga kostnader som uppkommer (har uppkommit) är den ekonomiska bördan bra mycket större för den arbetande svensken. Hans räkneexempel är lika löjligt, banalt och okunnigt som han själv.

Det är också provocerande eftersom det reducerar ett de facto pågående folkutbyte till mat och underhållning.

**En narrs ignorans**
Nu vet jag inte hur det ser ut för gemene svensk runt om i landet utan jag kan bara utgå från det jag ser och upplever – samt rapporter som finns tillgängliga. Till exempel tänker jag på rapporterna om att barnfattigdomen ökar i landet. Till exempel tänker jag på rapporterna om att allt fler gamla blir fattigpensionärer. Till exempel tänker jag på rapporterna om att allt fler hamnar på gatan, bland annat pensionärer. För dem blir det ingen pizza, ingen läskedryck och definitivt inget Netflix.

Det sägs att Marie Antoinette skulle ha kommenterat bristen på bröd till folket med: "Låt de äta bakelser". Jag tror inte mycket på det och allt som rör franska revolutionen är ett exempel på hur segrarna skriver historien. Det är de röda som format vår bild av den.

Däremot var Henrik Schyfferts uttalande äkta. För honom och hans gelikar i storstädernas finare kvarter behöver man inte dra in på något och när folket ska betala så är det bara att avstå lite extravagans i form av Netflix. Hans oförmåga (eller är det ovilja) att förstå hur andra har det är frapperande. Därtill visade han prov på den underliga vänsterblivna inställningen att känna medlidande med främlingar långt bort, till den grad att inget blir kvar till det egna folket.

Gud hjälpe den som inte begriper hur kränkande och osmakligt Schyfferts kommentar var. Den strävsamme svensken som bär den vanstyrda nationen på sina axlar får höra – från en narr som tjänar pengar på meningslöst garvande – att det inte kostar något att vara hela världens socialtjänst.

### Gud hjälpe Isabella Lövin

En som uppenbart inte förstod hur kränkande och groteskt Schyfferts utspel var är MP-ministern Isabella Lövin. Här om dagen tyckte också hon att det var lämpligt att jämföra det allt högre drivmedelspriserna i Sverige med … just det, pizza. Hon säger i Expressen:

– När man pratar om en bensinskattehöjning låter det som att det skulle driva folk från hus och hem, men det är bara några kronor det är frågan om. En kvarts pizza i månaden.

Först och främst behandlar hon oss svenskar som vore vi barn. Som om att vi är så okunniga och efterblivna att hon måste hålla upp en färggrann pizza och peka. Förolämpande är bara förnamnet. Det handlar inte om pizzor, det handlar om bensin och diesel och familjers möjligheter att kunna leva och verka också utanför innerstaden och tätorterna. För Lövin är Sverige inte mycket mer än regeringskvarteren och kanske någon sommarstuga. Och för henne, med den lön hon inbringar för att kalla oss andra idioter, är några kronor inte mycket att bråka om.

Men hon är i gott sällskap. Minns när den "folkliga" Olof Palme fick frågan vad en liter mjölk kostade. Han visste inte svaret och när han fick veta det utbrast han:

"2.15 kronor för en liter mjölk, det var det jävligaste. Det hade jag ingen aning om."

Avgrunden mellan politikerna och de uppburna narrarna är total. Det som för oss "vanligt folk" är riktiga problem i vardagen är bara en bit pizza och läsk för den nya adeln. Bli kränkt, bli arg – låt oss sedan göra något åt det.

*MAGNUS SÖDERMAN*
*28 november 2019*

# Varför sker förnedringsrånen? Kan vi stoppa dem?

På senare tid har också gammelmedia berättat om att "ungdomsrånen" innehåller drag av förnedring. Självfallet kommer de bara halvvägs i sin analys och beskrivning. Låt oss därför prata klarspråk.

Att bli rånad är något som sätter sina spår. Det är djupt förnedrande i sig och känslan av trygghet förloras. Därtill kryper känslan av maktlöshet på och det är lätt att börja ifrågasätta sig själv och sin egen förmåga att hantera och avvärja hot. Självkänslan får sig en knäck helt enkelt. Om man inte tänker sig för och kanske får hjälp att bearbeta detta så kan det sluta med att hela ens liv hamnar på villovägar.

Detta gäller vuxna, men i ännu högre utsträckning barn och unga som befinner sig i den kanske mest känsliga fasen i livet. Vuxna är i princip "klara" i och med grunden som lades i barndomen och under ungdomsåren – de mest formativa åren i livet. Att som barn eller ungdom drabbas av ett (eller flera) rån med inslag av förnedring och sadism skapar ärr i själen. Ärr som följer med resten av livet.

### Brotten som sopades under mattan

För 13 år sedan kom Petra Åkessons C-uppsats ut. I genomförda intervjuer med "ungdomsrånare" – ickesvenskar allihopa – var det tydligt vad allt handlade om. Man rånade svenskar på pengar, men lika viktigt var det att förnedra offren eftersom man såg sig ligga i "krig med svenskarna". Utlänningarna ville känna makt över svenskarna, därför förnedrade man sina offer.

Redan innan det visste alla som drabbats av det om att det var på det sättet. När vi växte upp var det stor skillnad mellan att hamna i luven med en svensk eller en utlänning. Jag har upplevt det och de flesta av er läsare har gjort det. I konflikten med främlingen inträder andra beteenden och handlingar; som mellan ockupant och ockuperad. Liknelsen är korrekt.

Åkesson skrev om det för 13 år sedan. Svenskarna har upplevt det längre. Först 2019 skriver gammelmedia om att "ungdomsgäng" förnedrar rånoffer. Utan den etniska aspekten, utan någon analys. Tystnaden av varit bedövande och därtill varit en del av att skapa nya offer. Är man inte förberedd, får man inte veta hur verkligheten ser ut, luras man att tro något som inte är sant ... då står man försvarslös.

**Varför dominans och förnedring?**
Beroende på vem man frågar kommer man få olika svar. Frågar man polischefen i Göteborg om orsakerna till eländet (vilket TT gjort) får man svaret:

– När det gäller förnedringsdelen kan det, som en målsägande beskrev det, verka som att gärningsmännen ser det som en sysselsättning, att de har långtråkigt och passar på att råna och förnedra.

Man har långtråkigt så man passar på att "råna och förnedra". Det är ett okunnigt och häpnadsväckande uttalande från en polischef. Han visar att han är illa lämpad för sitt arbete och att han vidareförmedlar en lögn som skapar nya offer då många fortsatt inte får veta hur verkligheten faktiskt är beskaffad. Det handlar så klart inte om att man har långtråkigt. Hade det varit så hade det varit lätt ordnat. Det är värre. Mycket värre.

Snarare handlar det om att svenskar sedan länge lärt sig att de inte är herrar i sitt eget hus. Vi ska känna skuld över påhittade oförrätter från förr eller för att vi inte är förstående nog. Vi måste integrera oss bättre; vi måste sluta vara rasister; vi ska vara överseende. Sådant får vi nedkört i halsen. Det är en del av problematiken.

En annan är att vi inte vet vilka vi är; vi har ingen egen kultur; ingen historia; vi är inte speciella. Skolan går i bräschen för detta och såväl politiker som opinionsbildare har ägnat årtionden åt att slakta svenskarnas känsla för sig själva. De har dödat vår självkänsla och grävt ner vår identitet. Sådant påverkar negativt och har gjort oss till lätta offer – till villebråd.

En annan aspekt är den som Samnytt rapporterar om då de talat med en lärare i Malmö. Vad som beskrivs lägger utan tvekan grunden till den typ av brottslighet som polischefen viftar bort. Vi läser:

– Islam är den religion som förtrycker överlägset mest ute på skolorna, men detta tystas ner på olika sätt. Barnen får lära sig om otrogna hundar/grisar som svenskar och andra som icke- muslimer är – detta redan i lågstadiet.

Och vidare:

– Kriminella föräldrar pressar skolorna så att deras barn får mer makt, får mer hjälp, så att man får fritt "lagrum" för att göra nästan som man vill. Ingen vill ju tänka sig att gå emot dessa föräldrar. Barn som hotar, säljer narkotika eller misshandlar andra går kvar i skolan som att inget har hänt. I en av de större skolorna såldes det narkotika/tabletter av elever på högstadiet och man tvingade eller fick barnen på mellanstadiet att köpa.

Vem tror du slår huvudet på spiken? Polischefen?

**Hur kommer vi tillrätta med det?**
Tyvärr finns det inget enkelt svar. Eller jo, det finns det. Internera, deportera, repatriera är ett enkelt svar. Men rötan har satt sig. Det är som det är och även om lösningen är "enkel" så är det också så att det inte finns någon snabb lösning. Inte ens om "vi" skulle få makten i morgon. Det kommer ta sin tid och det kommer utkrävas offer.

De politiska lösningarna åt sidan så måste vi ta vårt eget ansvar. Bor man i ett område där gängen styr, där du redan har tungt kriminella som är klasskamrater med din son eller dotter, då har det redan gått för långt och till skillnad från amerikanska filmer där hjälten löser det på en och en halv timme, så är verkligheten annorlunda. Att som normalsvensk ta striden mot gängen är inget att rekommendera. Att säga åt sitt barn att slå tillbaka under de omständigheterna är direkt farligt.

**Vi måste omgruppera**
Att rensa upp där det redan gått för långt kräver resurser som vi inte har (inte ens polisen har dem idag). Kanske måste du flytta och leta efter andra platser där du har bättre förutsättningar att göra det som måste göras. För det går att upprätthålla en ordning som redan finns, det är något helt annat. Om skolan dina barn går i är bra (det finns många sådana) så se till att den fortsätter att vara det. Gör det tillsammans med andra så att ni kan utgöra en starkare kraft tillsammans. Om ditt bostadsområde fortfarande är förskonat, håll gränsen och arbeta aktivt för att göra det oattraktivt för alla som vill ta det ifrån er. Börja från grunden.

Har du barn? Skräm inte livet ur dem (barn ska få vara barn) men ta ditt ansvar och se till att de blir medvetna om hur samhället ser ut. Laga efter läge: kanske måste du hämta och lämna i skolan; kanske ska telningen inte få gå till närbutiken och handla själv. Lär honom eller henne att kunna ta hand om sig själv och bli trygg i sin egen förmåga (träning i allmänhet och kampsport i synnerhet). Men därtill, lär dem att det kan vara bättre att fly än illa fäkta.

Lösningen för oss är mångfacetterad och den är också mental. Vet vem du är; lär känna dig själv, ditt folk och ditt arv. Låta dina barn få djupa och kraftfulla rötter i vår svenska mylla. Lär dem att älska sitt folk och sitt land. Du förstår vart jag vill komma. Du kan räkna ut resten själv. Glöm däremot inte det vikigaste av allt.

Ge aldrig upp!

*KRISTOFFER HUGIN*
*29 november 2019*

# De vänsterblivnas destruktivitet

**Vad är det egentligen vänsterns "normkritik" går ut på, och varför är den farlig? Kristoffer Hugin benar ut vad normer egentligen är, och varför de överhuvudtaget kommit till.**

Att vänstern, eller de vänsterblivna som jag kallar dem eftersom de kan synas under andra färger än den röda, påstår sig stå vara självutnämnt goda och duktiga är ingen överraskning för någon. Vad som däremot oftast är frånvarande i den offentliga debatten är exakt vilka destruktiva konsekvenser deras "godhet" leder till. De vänsterblivna har som mål, om de ens formulerat ett sådant, att riva ner och bekämpa normer, sociala strukturer, traditioner och begränsningar. Det är tveksamt om de flesta av dem ens förstår vad detta leder till och om de gör det så är det något moraliskt gott och eftersträvansvärt.

Först kan det vara på sin plats att förklara vad normer är och varför de existerar. Alla grupper av människor utvecklar normer oavsett om det rör sig om ett kompisgäng, en avdelning på arbetsplatsen eller en hel nation. Normer är ofta så självklara att de tas för givna och är outtalade men förekommer ibland som formaliserade regler och lagar. Normer är alltså regler som har som uppgift att reglera mänskligt beteende inom en grupp.

**Brott mot normer innebär ett brott mot gruppens integritet** och överlevnadsmöjligheter och bestraffas därför på olika sätt genom psykiska och/eller fysiska reprimander. Syftet är att genom obehag dels få individen att inse att den gjort något skadligt, dels se till att det inte upprepas.

Detta obehag är vad de vänsterblivna skyr som elden – de vill helt enkelt eliminera alla konsekvenser av destruktiva beteenden, vilket är precis vad "normkritik" syftar till; att radera de normer som ligger till grund för samhällets stabilitet så att människor ska kunna bete sig hur som helst utan konsekvens. Helt enkelt leva ut alla sina impulser och drifter likt i en utopi där inget negativt existerar.

I grund och botten härrör detta ur att de själva ofta har diverse destruktiva beteenden, så det är förståeligt att de vill minimera konsekvenserna och istället mena att det är andra som ska anpassa sig. Typiska vänsterfenomen såsom fri uppfostran, den sexuella revolutionen, fettacceptans, normalisering av psykiska sjukdomar, transtrenden, homosexualitet, klena straff, mångkultur etc. leder alla till uppmuntran av beteenden som är skadliga för oss men som ska accepteras i toleransens namn.

Till viss del kan jag sympatisera med önskan om att undvika negativa konsekvenser. Det är aldrig en rolig upplevelse att få reprimander men de är nödvändiga. Stigmatisering och straff syftar i sin mest basala grund till att skapa nya associationer i hjärnan mellan handling och konsekvens i våra hjärnor, likt hur man uppfostrar barn eller hundar. Nästa gång du funderar över att begå en negativ handling så påminns du om obehaget senaste gången och chansen att du gör om det minskar. Stigmatiseringen och upprätthållandet av normer syftar således till att skydda gruppen i fråga, men inte sällan även för att skydda individen från sig själv. Det som på kort sikt är positivt för individen är sällan bra för varken individen eller gruppen på lång sikt.

Men de vänsterblivna nöjer sig inte med att alla ska tolerera deras destruktiva beteenden och idéer – vi ska även hylla dem som det enda moraliskt rätta! Således har deras narrativ förskjutits från tolerans till hyllande och nästa steg är aktiv demonisering av allt som är sunt, normalt och positivt. Detta ser man redan på sina håll där kärnfamiljen smutskastas liksom heterosexuella relationer och inte minst nationalism för vita människor.

Det värsta med att låta de vänsterblivna hållas är att även om de själva är en liten minoritet, så växer de genom att de sprider sina destruktiva idéer genom en mekanism som kallas social epistas. Detta innebär att även normala människor (och ja, jag påstår att de vänsterblivna inte är normala) anammar deras idéer och beteenden, trots att de är skadliga, vilket görs genom att man försöker göra sina egna värderingar till nya normer som gruppen sedan ska anpassa sig till.

**Ser man till hur evolutionen fungerar** så skulle dessa beteenden aldrig kunnat uppstå eller överleva utan välfärdsstaten eftersom den svaghet och destruktivitet som sprids i slutändan innebär gruppens undergång. Naturen hade således sållat bort alla vänsterblivna under darwinistisk selektion. Nu har vi dock inte haft en sådan på ett par hundra år – idag tar det moderna samhället och välfärdsstaten hand om även de mest destruktiva människorna.

Inte sällan sprider de vänsterblivna sina destruktiva idéer genom att de nästlar sig in någonstans – i en statlig myndighet, på ett företag eller i en hel bransch. Där sprider de först toleransbudskap och sedan hyllningar av det destruktiva följt av att de som inte hoppar på tåget antingen håller tyst eller tvingas bort från organisationen. Genom denna metod har de sedan säkrat att bara deras värderingar ska vara tillåtna och allt motstånd nedkämpas effektivt med värdeladdade epitet och reprimander för att man inte står upp för "det goda". Slutligen genomsyras hela organisationens verksamhet av Värdegrunden och i det här skedet har stagneringen redan påbörjats.

**Och här är vi nu, i Clownsverige**, nådens år 2019 och allt som är destruktivt för vår överlevnad basuneras dagligen ut som moraliska dygder i media, i skolan, i privata organisationer, i reklam och från politiker. Detta kan betraktas som en kamp som inte går att vinna men jag vill hävda motsatsen genom att byta målbilden. Det är meningslöst att kämpa för människor som glatt marscherar mot sin egen undergång, men de som reagerar över galenskaperna och kommer till oss ska vi ta emot med öppna armar. Dessa är de personer som reagerat på galenskaperna, vill göra något åt saken och som således har fungerande instinkter.

Vi vill och vi måste trots allt bygga det framtida Sverige med hjälp av styrka och inte med svaghet om vi vill att våra efterlevande ska klara av livets svårigheter och göra vår nation stark igen. Låt det vänsterblivna självdö och det högernormala återuppstå!

*JOHAN SVENSSON*
*30 november 2019*

# Elektriska marodörmaskiner

**Den ack så populära elsparkcykelns miljömässiga fördelar ifrågasätts starkt i veckans krönika av Johan Svensson. För vad den påstått miljömedvetna konsumenten "Greta" kanske inte tänker på är att stackars "M'Bengt" bokstavligen måste slita livet ur sig för att få fram de material som behövs i dess batterier. Och inte nog med det – cyklarna har även blivit ett populärt fortskaffningsmedel för våra oinbjudna gäster.**

ZOOM!

– Ey walla mannen, ta de lugnt!

– Mannen de e lugnt, de gå bra!

De två utländska unga gentlemännen missar mig med ett par respektfulla millimeterar där de susar fram på sin elsparkcykel – dessa maskiner från helvetets andra krets som infekterar våra städer sedan ett par år tillbaka. Du hyr sparkcykeln via en app och vips far du iväg. Det hade kunnat vara en bra idé. I ett etniskt homogent land. Självklart används dessa monstrositeter av allsköns kameljockeys från skithålsländer för att urskillningslöst fara fram på trottoarer, gator och torg och göra städerna (än mer) osäkra. Tack som farao Voi och Lime. Precis vad vi behövde. Kanske är det oemotståndligt för folk från mellanöstern för att det är så nära en flygande matta de kan komma?

Om det inte är genetiskt utmanade individer som far fram parvis på en liten sparkcykel så är det en annan motbjudande grupp som syns på dessa vuxenleksaker. En grupp som förtjänar vårt fulla förakt och avsky. De glider fram med miljömedvetet nöjda uppsyner, sotarmössor på huvudet, scrotumkramande jeans och proggarglasögon. Fienderna till allt liv och all sund kultur. Hipsters.

**Det började som sagt som en lite småpiffig** idé för att kunna transportera sig smidigt utan avgaser inom städerna. Men nu har dessa oheliga fordon tagit över och plågar stadskärnorna likt Egyptens gräshoppor.

Man behöver dock inte fundera någon längre stund för att klura ut att miljövänligheten är en chimär. För att förklara detta behöver jag två personer till ett illustrativt exempel.

Låt oss börja med konsumenten. En stadsboende ung kvinna som studerar genusvetenskap på högskolan. Hon röstar på Miljöpartiet och är med andra ord fullkomligt ointresserad av miljöfrågor och ekologi. Hon lider dock av svår klimatångest och betraktar alla bilkörande vita män med raseri och förnärmelse. Hon lever det mesta av sitt liv inne i staden och vill transportera sig miljövänligt. En batteridriven sparkcykel passar henne därför som hand i handske. Låt oss kalla henne, jag vet inte, vad sägs om Greta?

Person nummer två i vårt exempel är en nioårig pojke. Låt oss kalla honom M'Bengt. Han bor i Kongo-Kinshasa och läser inte på högskola. Faktum är att han inte går i skola över huvud taget. M'Bengt behöver arbeta för att hjälpa till att försörja sin familj. Han och hans sju syskon arbetar under förhållanden som Greta inte ens kan föreställa sig i sina värsta mardrömmar där hon sover om nätterna i studentlägenheten. Pojken arbetar nämligen med att samla sten. Sten, säger du, kan det vara något att ha?

Jojomen, handbruten kobolt är grejen som M'Bengt arbetar med. Kobolt är en extremt viktig komponent i litiumbatterier; sådana som finns i våra datorer, telefoner, bilar och – jajemen – elsparkcyklar. Han klättrar varje dag ner i ett djupt hål och vidare ut i lertunnlar för att bryta malm vilket han sedan bär upp i en säck. Det är tungt, svettigt, mörkt och framför allt livsfarligt.

Vid slutet av sina 12 arbetade timmar bär M'Bengt sin säck till herr Chi Fick Ni, förmannen på det kinesiska gruvbolaget som köper in malmen och får en liten slant. Med betoning på liten. Genom att malmen handbryts av barn håller Chi Fick Ni och hans bolag ner inköpspriserna, vilket gör att vi billigt kan tillverka jox som till exempel elsparkcyklar. M'Bengt blir sjuk och krökt av sitt arbete men oroa dig inte, för M'Bengt kommer inte att belasta Kongo-Kinshasas sjukvårdssystem (antyder att något sådant ens finns) något nämnvärt ty han kommer att vara död innan 40 år fyllda. Inte så käckt för M'Bengt men himla käckt för Greta som kan åka till högskolan med rent miljösamvete på sin elsparkcykel.

**Men det är inte bara M'Beng**t och hans gelikar som far illa. Gruvorna (om man nu kan kalla dem för det) breder ut sig, förgiftar grundvatten och driver folk från sina hem. De enda som tjänar på det är statsanställda afrikaner som säljer ut sitt land och sin befolkning till utländska gruvföretag.

Men vänta nu, säger Greta surt, det är ju trots allt så att resor på elsparkcykel ersätter biltrafik. Icke sa Nicke, svarar jag. En undersökning som nyligen gjordes i Stockholm visade att endast två av 100 tillfrågade tog elsparkcykel istället för bil. 40 % tog elsparkcykel istället för att gå. Alltså har dessa fordon dessutom en negativ inverkan på hälsan. Istället för att ta en rask promenad väljer man att fara fram som ett förvuxet barn på en leksak. Detta passar ju alla hipsters synnerligen väl då de är just förvuxna barn.

Livslängden på en elsparkcykel är heller inte mycket att hurra för. Tre månader är deras medellivslängd. Sedan är de skrot och måste återvinnas i komplicerade processer för att inte ha en negativ miljöpåverkan.

Därtill behöver de ju laddas. Hur sköts det? Jo, privatpersoner åker runt i sina bilar och samlar upp dem, laddar dem och blir ersatta för detta av uthyrningsföretagen. Åker runt i sina bilar. Ridå.

**Det kanske inte har undgått er, kära läsare**, att dessa elsparkcyklar inte är några favoriter hos mig. Men det är förstås inte bara till dessa infantila fordon som drivs av batterier. Våra telefoner, bilar, surfplattor, med mera drivs också av detta. Släng inte din telefon om den går att reparera. Behöver du verkligen den allra senaste surfplattan? Är du säker på att en eldriven bil med stora batteripack är så bra för miljön? Köp uppladdningsbara batterier. Är det inte bättre att använda dina elektroniska prylar så länge det går istället för att köpa nytt?

Och för fasen – låt oss svälta ut Voi och Lime och allt vad dessa apokalypsens och dumhetens ryttare heter.

*MAGNUS SÖDERMAN*
*30 november 2019*

# Vårdkasen tändes vid Svenskarnas hus när DFS firade två år

**När man festar festar man och då fester man rejält sa Edward Blom och han hade helt rätt.** Också i Bibeln är det tydligt att det finns en tid för allt, inklusive att festa. Detta tog Det fria Sverige fasta på så när föreningen fyllde två år var det dags för fest.

Och fest blev det – så som fria svenskar gör det. Ja, det finns ett speciellt sätt för oss att festa som kanske skiljer sig från folk i gemen. Alla nödvändiga ingredienser finns där och tillsammans blandades de ihop till en fantastisk kväll i Svenskarnas hus i Älgarås.

**Av de återkopplingar som kommit** i skrivande stund är det tydligt att arrangörerna inte är malliga utan orsak. Arrangemanget i sin helhet avlöpte väl, maten var god och drycken något i hästväg. Talarna inspirerade och framförallt – medlemmarna pratade och umgicks med varandra och återigen knöts en del band hårdare medan helt nya också tog form.

Det var ett gediget schema som inleddes redan klockan tre på eftermiddagen. Till 22 var det tänkt att klackarna skulle vara i taket och timmarna flög iväg. På denna tid hann vi med tal från fyra av fem styrelsemedlemmar samt varsitt tal från våra utländska vänner, Nick Griffin och Jim Dawson. Och vilka tal de sistnämnda bjöd på. Stående ovationer behövde inte anbefallas, de skedde spontant. Det var starka ord till fria män och kvinnor; liberalismens sågades vid fotknölarna, den moderna världens smuts drogs ut i öppen dager och en glimt av framtida vedermödor – men också seger – målades upp. De fria svenskarnas arbete med föreningen lovordas och vi alla kände oss nog litet malliga – med all rätt.

**En lokal hantverkare hade överlämnat** ett upphöjt eldfat och detta fick göra tjänst för den första ordentliga – och fysiska – vårdkase som DFS tänt. En kubik prima svensk ved hade staplats minutiöst av vice ordförande Patrik Larsson och när skogens kraft frigjordes av elden brann det intensivt och länge. Föreningens ordförande axlade sitt ansvar och ledde de församlade genom den ceremoni som ger tyngd åt en viktig dag som årsfirandet är. Det var utan tvekan känslomässigt, när hornstötar hördes över nejden och facklorna lyste upp mörkret.

Det är så fria svenskar festar, med en balans mellan det uppsluppna och enkla; god mat och dryck men också med ett allvar ständigt närvarande. Vi glömmer inte för en sekund den uppgift vi har, det ansvar vi har – däremot omfamnar vi det enkla faktum att utan glädje och fest; skratt och sång så dör själen. Därför sjöng vi; därför skrattade vi och därför åt och drack vi.

Med tiden och ju fler som tar ansvar för att bygga Det fria Sverige så kommer denna dag firas runt om i Sverige. På flera orter genomfördes mindre firanden eftersom platserna till huset i Älgarås var begränsade. Dessa mindre firanden kommer att bli större – och fler. De fria svenskarna vaknar!

# Om Svegot

Svegot är en tankesmedja som ägs och drivs den ideella föreningen SVEGOT-DFS. Syftet med Svegot är att bredda det svenska medielandskapet och samtidigt lyfta frågor som är viktiga för föreningen, och arbeta för att driva opinionen i en riktning som mer påminner om föreningens idéer.

- Vår ledarsidas politiska hållning är frihetligt nationalistisk.
- Förutom att publicera nyheter, artiklar, kommentarer, analyser och krönikor i textformat publicerar vi även podcasts, sänder direktsänd nätradio och publicerar filmklipp.
- Allt överskott från Svegots arbete går direkt in i den ideella föreningen för att stärka upp dess arbete och hjälpa föreningen att snabbare nå sina mål.
- Åsikter som publiceras på Svegot behöver inte nödvändigtvis stämma överens med föreningens officiella ställningstaganden, eller alla våra medlemmars åsikter. För officiella uttalanden från föreningen, besök föreningens hemsida.

*Stöd vårt arbete – bli prenumerant*

Mycket av materialet på svegot.se kan du ta del av kostnadsfritt. Men för att driva verksamheten krävs ekonomi och denna får vi genom prenumerationer. Om du köpt denna bok separat så kan du teckna en prenumeration som dels ger dig tillgång till allt plusmaterial på Svegot, samt att du får framtida utgåvor av vår månadsbok direkt hem i brevlådan. Gå in på svegot.se och teckna din prenumeration redan idag.

## svegot.se

# Om Det fria Sverige

- Det fria Sverige är en intresseförening för svenskarna, den svenska kulturen och den svenska särarten. Föreningen vilar på traditionell grund och är frihetligt nationell. Föreningen styrs genom sina aktiva medlemmar på demokratiskt vis.
- Det fria Sverige är en ideell och samhällsnyttig förening som står upp för lag och ordning, mot pöbelvälde och ofrihet. Föreningen står upp för individens frihet, under ansvar för den gemenskap som friheten är beroende av.
- Det fria Sverige är en partipolitiskt obunden förening. Förvisso är vi traditionella nationalister, men detta transcenderar realpolitiska ställningstaganden och den klassiska höger-vänster-skalan. Den som delar vår vision och står bakom våra stadgar är välkommen.
- Det fria Sverige icke-konfessionell. Var och en i föreningen har rätt till sin egen tro, eller avsaknad av tro. Det vi kräver av varje medlem är dock att de respekterar varandra och de olika trosföreställningar som våra förfäder tagit till sig genom historien.
- Det fria Sverige bygger på principen om organisering underifrån och det är medlemmarnas egna ansvar att förverkliga visionen vi delar med varandra, inom det ramverk som föreningen beslutat om.
- Det fria Sverige driver opinion för svenskarna; bevakar den politiska och samhälleliga utvecklingen ur ett traditionellt nationellt perspektiv och arbetar såväl metapolitiskt, socialt som realpolitiskt. Detta arbete sker kontinuerligt.
- Det fria Sverige har framtiden för ögonen och arbetar idag för att lägga grunden som framtida generationer kan bygga vidare på. Vi har ett generationsperspektiv på vår verksamhet.

## detfriasverige.se

www.ingramcontent.com/pod-product-compliance
Lightning Source LLC
Chambersburg PA
CBHW081157020426
42333CB00020B/2540